# Romeu Friedlaender Jr
# 2014

# 5 Anos de Pesquisas e-Números - Ecommerce

## O Surgimento do Blog

Era maio de 2009, acompanhando algumas noticias na midia percebi que sempre divulgam pesquisas e números sobre os mais diversos assuntos, mas geralmente as analises e comentários sobre essas pesquisas eram fracos, superficiais.

Decidi trocar ideias com o proprietário de um importante jornal da capital paranaense para encontrar formas de melhorar essa analise das pesquisas, números e estatísticas que surgem na midia a todo instante. A primeira ideia seria de criar uma coluna semanal comentando sobre pesquisas, mas logo surge a alternativa de criar um blog, para usar a forca da midia digital e ampliar o alcance dessas analises. Fomos conversar com a equipe de jornalismo desse jornal, que gostou da ideia, mas acabou nao levando adiante, mas o principal já tinha sido criado, a ideia do blog sobre pesquisas e números.

Com muitas opções gratuitas de hospedagem de blogs, iniciei o blog Pesquisas e Números no dia 7 de maio de 2009, na plataforma Blogger, com o blogspot. Mais tarde comprei o domínio www.pesquisasenumeros.com que

## 5 Anos de Pesquisas e-Números - Ecommerce

continua usando a plataforma e todos os serviços oferecidos pelo Blogger, que comecei a conhecer, entender e gostar da facilidade de blogar com ele.

Desde entao já foram quase 500 textos, que ajudaram o blog a receber centenas de milhares de visitas, inúmeros comentários, curtidas, compartilhamentos nas redes sociais e fontes para outras matérias em outros veículos de comunicação, inclusive blogs, sobre os comentários e analises que fizemos em todo esse tempo no Pesquisas e-Números.

Pelo numero de textos resolvi dividir em 4 assuntos, colocando em 4 livros os assuntos relativos ao Cotidiano, ao Ecommerce, a Comunicação Social e ao Empreendedorismo, com pesquisas, números e dados estatísticos analisados e comentados nesses 5 anos do blog.

Esse livro trata de Ecommerce, onde coloquei os textos que falaram sobre Tecnologia, Inovação, Internet, Redes Sociais Facebook e Twitter, alem do Ecommerce.

# Tecnologia, Inovação, Internet, Facebook, Twitter e Ecommerce

Neste livro vamos rever os textos que abordaram os tópicos sobre Tecnologia, Inovação, Internet, Facebook, Twitter e Ecommerce.

Tecnologia faz parte da vida online, vamos ver textos que abordam a falta que a tecnologia nos faz, a presença do computador nas escolas, a presença e importância de serviços de banda larga de internet, a força do celular, tablets, netbooks, notebooks e desktops, videogames, bem como a maneira com que a tecnologia alterou a forma de trabalharmos nos dias de hoje.

Inovação acompanha a tecnologia, melhorando as nossas atividades mais corriqueiras, com produtos novos para experimentarmos, a sua relação com o empreendedorismo no nosso Brasil e o surgimento do carro elétrico.

A internet tem uma presença cada vez mais forte em nosso cotidiano, exigindo uma regra de etiqueta para seu uso em locais públicos sem incomodar, o comportamento

## 5 Anos de Pesquisas e-Números - Ecommerce

na rede, os cuidados com o que se compartilha por aí, além de ser mais um meio de comunicação importante, junto com televisão, livros e outras formas tradicionais. Fazemos a relação entre a internet e o aprendizado, mostramos como anda o acesso à internet no país, a maneira como alterou as formas de trabalhar hoje em dia. Mas também tem alguns problemas, como a sujeira dos mouses e o vício em estar sempre conectado. Tem muito texto interessante sobre o assunto nesse livro que vale a leitura.

As redes sociais estão cada vez mais influentes na nossa rotina, o Facebook é um local onde as empresas precisam estar presentes, onde os anunciantes direcionam parte de suas verbas publicitárias, os consumidores colocam suas reclamações e elogios sobre empresas e produtos, além da presença de animais entre seus membros. Não podemos esquecer do Twitter, que também tratamos nesse livro.

A tecnologia, inovação, internet e redes sociais fazem com que o computador, e celular, seja um ponto de venda, surgindo o comercio na internet, o ecommerce, que tratamos bastante no blog. Falamos sobre o tempo de resposta de emails, de dúvidas dos novos consumidores, o neoconsumidor, do crescimento das compras virtuais, com espaço para todos, inclusive os pequenos, da diferença e semelhança entre lojas físicas e virtuais, da importância do nosso país no comércio eletrônico internacional, das novas formas de marketing que surgem com a internet, da globalização das compras virtuais, sem contar no monitoramento instantâneo que existe em toda ação online.

Enfim, o ecommerce tem uma abordagem importante e crescente no Pesquisas e-Números, nesse livro pode-se ver um pouco de sua evolução e dos fatores que ajudam e influenciam a vida virtual, bem como suas relações com a vida real.

# 5 Anos de Pesquisas e-Números - Ecommerce

# Conteúdo

## 5 Anos de Pesquisas e-Números - Ecommerce

# 5 Anos de Pesquisas e-Números - Ecommerce

# Tecnologia

## É impossível viver sem

Para você o que seria impossível passar 24 horas sem?

Esta pergunta foi feita em recente pesquisa realizada com 1000 pessoas na Inglaterra pelo provedor de internet Lumison.

Qual seria a sua resposta?

Para 85% dos ingleses, o aparelho de telefone celular é indispensável.

A força deste aparelho entre os ingleses é grande, 62% trocariam o chocolate pelo celular, 23% não consumiriam bebidas alcoólicas e 8% abdicariam até mesmo do sexo, tudo em nome do celular.

Qual o tempo máximo que o britânico conseguiria ficar sem o celular?

10% apenas 5 minutos longe do aparelho.

# 5 Anos de Pesquisas e-Números - Ecommerce

18% no máximo 1 hora.

16% não conseguiriam ficar mais que 4 horas longe dele.

Tire a cerveja, o whisky, o chocolate, o sexo, mas não tire o celular de um britânico, isso deixaria ele órfão, seria a pior tortura que eles poderiam sofrer.

E no resto do mundo, qual a importância do celular?

Foi feita uma pesquisa sobre esse assunto pela empresa Synovate em junho de 2009 entrevistando 8.000 pessoas no Canadá, Cingapura, Dinamarca, Estados Unidos, França, Filipinas, Grã-Bretanha, Holanda, Malásia, Rússia e Taiwan.

Levam o celular para todo lugar que vão 75% dos entrevistados, com os russos e cingapurianos os mais fanáticos.

Dormir com o celular por perto é prática comum de 60%.

Começaram relacionamentos amorosos através de mensagens de texto 20% dos entrevistados, mesmo percentual dos que afirmaram ter terminado uma relação através do mesmo mecanismo.

Além de usar o celular par telefonar e passar mensagens de texto, as funcionalidades mais usadas são uso de despertador, câmera e jogos.

Checam emails através do aparelho 17% dos entrevistados, e 10% navegam regularmente em sites de relacionamento, como Facebook e MySpace.

37% não sabem utilizar toda a tecnologia existente nos seus aparelhos.

O primeiro telefone celular surgiu na década de 70, pesava cerca de 1kg, e media 25cm de comprimento por 7cm de largura. Um tijolo de 2 furos pesa em média 2kg e mede 24cm por 7 cm. Ou seja, o primeiro celular equivalia a um tijolo de 2 furos.

Hoje, em 2009, é um aparelho cada dia mais indispensável na rotina das pessoas, como vimos nas pesquisas comentadas aqui. Já faz parte do dia a dia, acordar, escovar os dentes, trocar de roupa, se vestir e ir trabalhar, toda essa rotina tem a companhia deste aparelho.

Texto de set/09

# 5 Anos de Pesquisas e-Números - Ecommerce

## A banda larga e o progresso

O Plano Nacional da Banda Larga (PNBL), uma das prioridades do governo federal, entrou em funcionamento neste 2º semestre de 2011, iniciando com alguns municípios na região central do país.

E o que isso tem de importante para a economia brasileira?

Vejamos alguns exemplos citados na revista Época Negócios:

Na cidade canadense de Churchill, com menos de 1000 habitantes, o governo federal gastou U$32 mil para conectar a cidade toda, um ano depois, houve um incremento de U$769 mil graças a negócios fechados pelas melhores conexões de internet.

De 2004 a 2006 a produtividade dos trabalhadores na União Européia aumentou anualmente 5% na indústria e 10% na área de serviços.

Para cada 100 novos usuários de banda larga no mundo são criados 8 novos empregos.

Com 10 novas conexões de banda larga a cada grupo de 100 pessoas, os ganhos de produtividade passam dos U$100 bilhões anuais.

Para cada 1% a mais na penetração de banda larga resulta em acréscimo de 0,3% na taxa de empregos anual.

Ou seja, a implantação da banda larga no país não é apenas para que os computadores possam rodar de forma mais rápida videogames e outros programas de diversão, mas significa também melhorias na produtividade dos trabalhadores, aumento da renda e do nível de emprego.

Texto de nov/11

## O trabalho nos dias de hoje

Como temos comentado no blog, o trabalho está se modificando, cada vez mais o trabalho braçal resume-se a digitar e clicar no mouse, prevalecendo o lado intelectual das pessoas no desempenho de suas profissões.

## 5 Anos de Pesquisas e-Números - Ecommerce

Uma pesquisa realizada com 102 trabalhadores pela psicóloga Sandi Mann, da britânica University of Central Lancashire, levanta questões referentes à motivação no trabalho.

Entre os resultados obtidos, 80% afirmam que o tédio os deixam desconcentrados, sendo que esse aborrecimento pode levar a erros em suas funções, prejudicando seu trabalho. Como estão desanimados, uma das soluções encontradas para levantar o astral é o happy-hour regado a bebida alcoólica, que não é saudável.

Outro estudo, feito duma parceria de pesquisadores da Universidade de Milão e o Instituto de Tecnologia de Massachusetts, concluiu que o facebook ajuda a relaxar, reduzindo os batimentos cardíacos e diminuindo o nível do stress. Os resultados mostram que a interação com outras pessoas, que é feito na rede social, traz efeitos positivos para a mente e corpo.

Juntando esses dois estudos, vemos que o trabalho, da maneira tradicional, tem trazido mais stress e tédio aos trabalhadores, inclusive prejudicando o bom desempenho de suas funções, enquanto a navegação no facebook é relaxante e desestressante. Portanto, a liberação do facebook no ambiente de trabalho não

19

atrapalha o desempenho do trabalhador, mas ajuda a mantê-lo tranquilo para exercer as funções para qual está sendo pago.

Claro que as visitas às páginas do facebook não precisam durar o dia inteiro de trabalho, mas umas olhadas de vez em quando na página da Melito e do Pesquisas e Números no facebook, curtindo estas páginas, é até saudável.

Mais um ponto a favor do trabalho em casa, que como temos analisado por aqui, acaba trazendo mais benefícios que prejuízos, tanto ao trabalhador quanto a empresa, essas 2 pesquisas colaboram para essa direção como o futuro das relações de trabalho, e não está muito distante esse dia.

Texto de mar/12

Joga fora e compra um novo

Muitas vezes é mais barato comprar um produto novo do que tentar consertar o que quebrou.

## 5 Anos de Pesquisas e-Números - Ecommerce

No ano passado, 2011, os serviços aumentaram de valor, enquanto a maioria dos produtos de utilidade doméstica e eletroportáteis sofreram queda nos seus preços. A inflação geral ficou em torno de 5%, enquanto a inflação dos serviços quase chegou a 9%, considerando vários índices existentes no mercado.

Uma televisão nova baixou 17% em 2011, os aparelhos de som 10%, enquanto o custo para consertar uma televisão subiu 7,5% e para um aparelho de som 6%. Isto mostra que esses produtos acabam ficando cada vez mais descartáveis, vale a pena comprar um novo do que consertar, já que os preços dos produtos novos baixam e dos consertos sobem.

Os automóveis também estão nessa mesma linha, enquanto o preço médio dos veículos baixou 2,7% para os novos e 6,3% para os usados, o conserto do automóvel subiu 9,6%, o estacionamento 13,7% e os pedágios 7,5%. Neste caso não é tão simples jogar fora e comprar um carro novo, mas na medida em que fica cada vez mais fácil comprar um carro fica cada vez mais caro a sua manutenção, sem contar o stress do transito que fica cada vez pior.

Mas surge um novo problema: onde descartar esses produtos estragados. Aos poucos o poder público e a iniciativa privada vão encontrando soluções, sobre os descartes e até mesmo reaproveitamento dos componentes destes produtos.          Texto de jun/12

Tablets, notebooks, netbooks, smartphones e desktops

Onde você está lendo este texto, em qual dispositivo, tablet, smartphone, notebook, netbook, desktop, ou alguém imprimiu para você e há uma folha de papel em suas mãos?

Aos poucos as opções de uso de internet se ampliam, dependendo do tamanho da tela, da necessidade do usuário, bem como de suas possibilidades financeiras de adquirir o "acessador a internet".

Anos atrás, logo após o lançamento do Ipad, o **Pesquisas e Números** comentou sobre uma pesquisa otimista demais sobre a vontade dos brasileiros em ter um Ipad, onde víamos os números com bastante ceticismo, chegando ao número de 114 milhões de brasileiros querendo um Ipad.

No Brasil em 2012 foram vendidos 2,7 milhões de tablets, 127% a mais que no ano anterior, diferente dos desktops, que caíram 13% e dos notebooks, que

## 5 Anos de Pesquisas e-Números - Ecommerce

cresceram 10%. Mas 46% das vendas de tablet foram de valores inferiores a R$500 e 80% estavam com o Android como seu sistema operacional, não foram Ipads.

Continuamos na mesma linha, essa pesquisa era furada mesmo, apesar do tablet ter sido um dos objetos de desejo do brasileiro no natal de 2012, surgiram outros tablets mais simples, mais baratos e com melhor custo-beneficio que o Ipad, como mostram os resultados de pesquisa feita pela Flurry Analytics com 30 milhões de consumidores no mundo. Comparando basicamente o tablet com o smartphone, que tem usos semelhantes, mas diferem no perfil.

As mulheres se igualam no uso do tablet, mas são minoria no smartphone. Os tablets são mais usados quando termina o expediente, enquanto o smartphone está mais forte no horário de almoço (fácil de perceber quando você vai almoçar e em todas as mesas tem gente de olho nos seus telefones esquecendo de comer). Os jogos são os mais usados em ambos os dispositivos, mas no tablet representam 67% dos usos, enquanto no smartphone 40%, as redes sociais ocupam o segundo posto, com 10% nos tablets e 24% nos celulares.

A tendência para os próximos anos é o aumento no número de smartphones em tamanho superior ao de tablets, que irá superar a quantidade de notebooks e desktops, fazendo com que as pessoas carreguem nos seus bolsos e bolsas o acesso a internet, as deixando cada vez mais conectadas.          Texto de abr/13

## Que brincadeira mais seria

Vamos jogar videogame?

Essa pergunta está cada vez menos ligada as crianças e adolescentes e mais perto de conversa entre gente grande, segundo uma pesquisa da associação que representa os fabricantes de jogos eletrônicos nos Estados Unidos, publicada na revista Exame PME em 2013.

O mercado americano de games subiu de 6,9 bilhões de dólares em 2002 para 14,8 em 2012, mais que dobrou em 10 anos, sendo que está igualmente dividido entre jogos para videogame/ computador e aplicativos para celular e redes sociais.

Jogam no próprio videogame 68% dos jogadores, enquanto 43% usam seu smartphone para jogar. Ou seja, o videogame continua sendo o lugar onde os jogadores mais tentam bater os seus recordes, mas os

## 5 Anos de Pesquisas e-Números - Ecommerce

aparelhos celulares estão conquistando espaço cada vez maior entre os jogadores.

Ao dividir em faixas etárias os jogadores, existe um equilíbrio, 36% tem mais de 36 anos, 32% menos de 17 anos, enquanto 32% estão entre essas duas idades, 18 e 35 anos.

Um mercado que movimenta 15 bilhões de dólares nos Estados Unidos não pode ser considerado como uma simples brincadeira, deve ser levado em conta pelos especialistas em marketing como mais uma opção de mídia, com merchandising dentro dos jogos e também como uma opção de jogo, dependendo da ação de marketing que for criada.

Teve uma rede de pizzarias americana que colocou um anúncio de suas lojas num jogo de corrida, fazendo o jogador conseguir pedir uma pizza sem precisar sair do seu carro nem ter que dar uma pausa no jogo, apenas clicando no ícone da pizzaria dentro do próprio cenário do videogame.

Videogame é algo cada vez mais serio, não é brincadeira.

Texto de abr/14

# Inovação

## Experimentando produtos novos

Qual a sua reação quando encontra algum produto novo no mercado?

Em Portugal, 86% dos consumidores gostam de experimentar as novidades que o mercado oferece, segundo o estudo Produto do Ano 2010, realizado pela Elogia Ipsofacto, pesquisando mais de 2000 portugueses.

76% até pagariam mais caro pelo produto novo, se ele atender as suas necessidades e expectativas. Mas a relação preço/qualidade ainda é o fator mais importante para 89% dos portugueses na hora da escolha, se a novidade trouxer melhorias para a saúde, 51% comprariam este novo produto e 43% se a novidade for de um produto mais natural.

Esses números são bons para a economia, estimulando a inovação e introdução de novos produtos no mercado, mostrando que o mercado português é aberto à inovação.

A loja Esloultimo, que analisamos em outubro do ano passado aqui no "Pesquisas e Números", que é uma loja de amostra grátis na Espanha, não precisaria ter filial em Portugal, já que as novidades que são distribuídas praticamente sem custo nenhum ao consumidor na Esloultimo, podem ser oferecidas ao mercado português que o consumidor está disposto até a pagar valores mais caros que o normal pelos novos produtos.

Não é preciso ser nenhum Professor Pardal para criar produtos novos e inovar, basta pesquisar novas formas de atender as necessidades do consumidor, os resultados são positivos, conforme vimos nessa pesquisa.

Texto de abril/10


Empreendedorismo e Inovação

Empreender no dicionário significa realizar, tentar, pôr em execução alguma idéia. O empreendedorismo é o ato de empreender, no sentido econômico, realizar, colocar em prática alguma idéia para buscar melhorias econômicas.

Inovar no dicionário quer dizer tornar novo, introduzir uma novidade. A inovação é o ato de criar algo novo, ou de fazer a mesma coisa num novo formato.

O empreendedor e o inovador são personagens importantes no desenvolvimento econômico dos países.

A economia, para crescer e gerar mais empregos, precisa de mudanças no ciclo econômico. Se todos fazem a mesma coisa, compram os mesmos produtos e têm os mesmos hábitos por anos seguidos, a economia fica estagnada, não mexe, não cresce nem diminui, não se desenvolve.

O inovador é aquela pessoa que pensa, que descobre algum produto ou serviço novo, ou mesmo uma nova forma de apresentar um produto antigo. O surgimento da inovação mexe com a economia, pois é algo novo no mercado, quantos consumidores irão alterar seus hábitos para adquirir essa novidade, qual o sucesso que a inovação terá. Essas dúvidas acompanham toda inovação, mas não impedem seu surgimento.

## 5 Anos de Pesquisas e-Números - Ecommerce

O empreendedor coloca em ação alguma idéia, geralmente transformando-a num empreendimento novo, criando pelo menos um novo emprego, o seu próprio, e ampliando o número de empresas, oferecendo novas opções ao mercado.

As figuras do inovador e do empreendedor melhoram a dinâmica econômica, fazem girar o ciclo da economia, oferecendo novos produtos, novos serviços, novos empregos, novas oportunidades para as pessoas.

O Brasil, através do IBQP (Instituto Brasileiro de Qualidade e Produtividade) participa do GEM(Global Entrepreneurship Monitor), onde é monitorado o nível de empreendedorismo entre a população brasileira. Os brasileiros são um povo empreendedor, estão sempre no primeiro terço dos países com população mais empreendedora entre todos os países analisados.

Mas, através de um estudo do IPEA baseado em dados Pintec/IBGE, o Brasil não pode ser considerado como um país inovador. Apenas 1,7% das indústrias nacionais inovam e diferenciam produtos, ou seja, a grande maioria dos empreendimentos brasileiros não cria e não fazem uso de novas tecnologias em seus produtos e processos.

O Brasil é um país de população empreendedora, mas não inovadora. O nível de empreendedorismo é bom para o crescimento econômico do país, mas, por outro lado, o nível de inovação está baixo, não acompanha o esforço empreendedor do brasileiro. Quando formos um país que empreende e que inova, estaremos alinhados rumo ao crescimento econômico sustentável, melhorando as condições de vida da nossa população.

Texto de mai/10

## O Brasil e a inovação

O Brasil é um país de empreendedores, mas ainda não o é de inovadores, como já havíamos comentado em análises anteriores no Pesquisas e Números.

Conforme o Indicador Global de Inovação de 2011, entre 125 países analisados neste critério, nosso país ficou na 47ª posição, melhorando em relação a 2010 (68ª) e 2009 (50ª). Sem considerar a variação estranha de ranking do Brasil, que vai de 50ª para 68ª de um ano para outro e depois volta a 47ª posição no ano seguinte, a análise é a mesma, que o país não está entre os que mais inovam no mundo.

## 5 Anos de Pesquisas e-Números - Ecommerce

Podemos considerar também como parâmetro de inovação os números de patentes internacionais registradas por brasileiros, aí nossa situação também não é das melhores. Vamos analisar o ano de 2009, quando 480 patentes foram registradas por brasileiros, esse número é o dobro do que registrávamos 5 anos antes, mas é inferior à Toyota, empresa que sozinha registrou mais de mil neste mesmo período.

Vou copiar uma frase que escrevi no Pesquisas e Números em abril de 2010, sobre a inovação, que é pertinente:

"Não é preciso ser nenhum Professor Pardal para criar produtos novos e inovar, basta pesquisar novas formas de atender as necessidades do consumidor, os resultados são positivos."

A inovação que surge no nosso país está aumentando, estamos inovando mais, porém ainda de maneira tímida.

Texto de ago/11

## O carro elétrico

Na semana passada o Pesquisas e Números foi convidado pela Agência Tag e esteve presente, juntamente com o engenheiro mecânico Rodrigo Castilho, no Nissan Inova Show realizado em São José dos Pinhais, na região metropolitana de Curitiba, Paraná.

Um dos destaques do evento foi a apresentação do carro elétrico Nissan Leaf, lançado em dezembro de 2010 no exterior.

Temos analisado como anda o trânsito nas cidades e algumas opções para melhorar o tráfego de veículos e diminuir a poluição nos grandes centros, o carro elétrico pode ser uma opção para que a poluição seja menor, mesmo mantendo a mesma quantidade de veículos nas ruas.

O Nissan Leaf é o 1º carro elétrico produzido em grande escala, tem autonomia de 160km, mais que a média do que os carros brasileiros percorrem por dia, 37km, fazendo com que uma recarga seja suficiente para 4 dias do carro nas ruas. Eu fiz o test-drive e gostei da experiência, não há barulho de motor, o computador de bordo oferece todas as informações necessárias para o bom desempenho do veículo, inclusive com os km que ainda restam da carga da bateria, para evitar que o carro pare e fique longe de um posto recarregador debateria, ainda inexistente no Brasil.

O carro elétrico dá a possibilidade de chegar em casa depois do dia de trabalho e colocá-lo na tomada para carregar e poder usar no dia seguinte, apenas instalando em casa uma tomada especial para esse fim. O custo do km é de R$0,05, considerando o valor do kWh no país, sendo que para rodar os 160km da autonomia do Nissan Leaf o gasto para "encher o tanque" seria de R$8,00.

Com todos esses benefícios porque o carro elétrico ainda não está disponível para venda no Brasil?

Um dos principais problemas é o local para abastecimento e recarga do carro, sobre quem faria isto e onde poderiam ser instalados os "postos de recarga", apesar de São Paulo já ter iniciado negociações para a instalação de postos de abastecimento.

Se temos tido blecaute por falta de energia no país, essa energia que estará rodando os carros poderá exigir construção de novas usinas, podendo inclusive produzir poluição nestas novas usinas, apenas transferindo a poluição que é retirada das ruas das cidades para os locais de construção destas usinas, exigindo planejamento no setor energético nacional.

Acredito que o carro elétrico, a Nissan saindo na frente com o Leaf, é uma realidade, deve estar rodando nas ruas brasileiras em pouco tempo, apenas precisando de alguns ajustes na legislação nacional e no bom planejamento para o uso da energia no país.

Texto de ago/11

# 5 Anos de Pesquisas e-Números - Ecommerce

# Internet

## Uso de Celular e Notebook em público, incomoda?

Nos Estados Unidos, uma pesquisa feita pela Harris Interactive e patrocinada pela Intel Corporation concluiu que 90% dos americanos se sentem incomodados com a falta de educação dos usuários de celulares, notebooks e netbooks quando estão em público. De acordo com a pesquisa, mais de 80% dos adultos já testemunhou alguém fazendo algo estranho no celular ou no acesso à Internet.

Nos Estados Unidos, onde a grande maioria da população tem celular e notebook, já se torna necessária a criação de regras de etiqueta para que o uso destes aparelhos não incomode quem está por perto. Se 90% dos americanos se sentem incomodados com essa situação é sinal que não estão sabendo se comportar em público quando estão usando esses aparelhos.

E no Brasil, qual seria a situação? Não pesquisei a fundo para saber se há uma pesquisa sobre o mesmo assunto. A GFK, empresa de pesquisa de mercado, entrevistou

## 5 Anos de Pesquisas e-Números - Ecommerce

1000 pessoas com mais de 18 anos em 12 capitais e regiões metropolitanas do Brasil, percebendo que 79% dos brasileiros possuem celular e 53% computador. Ou seja, também será necessária a criação de regras de etiqueta para o uso de aparelhos móveis no Brasil.

Mas para que serve o celular e o notebook? Exatamente para você poder usar o telefone ou o computador quando estiver em qualquer lugar. Mas isso não significa que o comportamento deve ser o mesmo que se estivesse sozinho em casa, sem se importar com quem está ao redor. O bom senso é recomendável nesses casos, tentar atrapalhar e incomodar o mínimo possível quem está por perto quando estiver em lugares públicos e for necessário o uso do celular ou do notebook.

Texto de jul/09

## Meios de comunicação no Brasil

Comentamos ontem nesse blog sobre os equipamentos culturais à disposição do brasileiro.

Foi divulgado pelo MinC (Ministério da Cultura) o Anuário de Estatísticas Culturais do Brasil 2009, mostrando em 243 páginas os números da cultura em nosso país. É um estudo aprofundado e muito interessante, o sumário contém 20 páginas.

Nesse anuário foi levantada também a situação dos meios de comunicação no país.

Possuem jornais impressos locais 36,80% dos municípios brasileiros, chegando a 81,52% dos municípios do estado do Rio de Janeiro.

Revistas impressas locais estão presentes em 7,7% dos municípios no país, no estado do Rio de Janeiro são 27,17% os municípios com revistas locais impressas.

Emissoras de rádio AM locais estão presentes em 21,20%, e apesar de 34,78% dos municípios cariocas terem emissoras, o estado de Mato Grosso do Sul é o estado com maior percentual de municípios atendidos, com 37,18% deles.

No caso das rádios FM locais, sua presença cobre 34,30% dos municípios no país, e é em Pernambuco que está a maior porcentagem, 63,78%.

A rádio comunitária é uma realidade presente em 48,60% das cidades, o Amapá é o estado melhor servido por elas, que estão presentes em 81,25% dos seus municípios.

No Brasil, 9,6% dos municípios declararam ter geradoras de TV, é no Amazonas o maior percentual de municípios com geradoras de TV, estando presente em 64,52% deles.

Diferente do caso das emissoras de rádio, as geradoras de TV comunitárias estão presentes em menor número que as de maior alcance, estando em 2,30% dos municípios no país. No estado do Rio de Janeiro é onde este número é maior, 9,78% possuem TV comunitária.

95,11% dos municípios brasileiros são atendidos pela programação da TV aberta, e apenas nos estados de Roraima e de Rondônia têm menos de 80% dos municípios cobertos por sinais de TV aberta.

Há provedores de internet presentes em 45,60% dos municípios brasileiros, no estado de Mato Grosso esse percentual chega aos 80,85%. Vimos nesse blog que é de 23,8% o percentual de domicílios nacionais com acesso à internet.

Através dos meios de comunicação a população se atualiza e se comunica. O acesso à informação é importante para formar o cidadão consciente de seu papel na sociedade, e somado a melhorias no sistema educacional brasileiro, que esperamos que aconteça num futuro próximo, aumentam o poder de crítica e de análise do cidadão, que passa a ficar mais consciente dos seus direitos e deveres na sociedade.

Texto de out/09

## O computador nas escolas públicas

A Fundação Victor Civita, o Ibope Inteligência e o LSI TEC (Laboratório de Sistemas Integráveis Tecnológicos) mapearam o uso do computador e da internet em 400 escolas públicas nas capitais brasileiras.

O tamanho médio das escolas pesquisadas era de 988 alunos e 47 professores, um professor para cada 21 alunos.

A televisão (99%) e o DVD player (98%) são equipamentos presentes nas escolas. 28% das escolas tem entre 1 e 10 computadores, 29% de 11 a 20, 28% de 21 a 30 e em 15% das escolas pesquisadas há mais de

## 5 Anos de Pesquisas e-Números - Ecommerce

30 computadores. Já o laptop está presente em 26% das escolas, sendo que em 20% há apenas um.

Os funcionários administrativos e diretores utilizam o computador 4,7 dias por semana, em média, enquanto os professores e seus alunos utilizam 2,6 dias por semana esses equipamentos de informática na escola.

O computador está na sala dos professores em 56% das escolas, enquanto em 54% delas há um laboratório de informática, mas 18% das escolas que têm laboratório não trabalham com os alunos.

Os programas mais utilizados pelos professores com seus alunos são editores de texto (50%), sites e programas de visualização de mapas (44%), editor de apresentação (43%), enciclopédias (40%) e editor de desenhos e imagens (38%). Esses programas também são os maus usados pelos professores quando estão sozinhos, sem seus alunos.

A tecnologia está aí para ser usada nas escolas, para auxiliar nos projetos político-pedagógicos e no planejamento das aulas pelos professores. É uma importante ferramenta na motivação dos alunos e professores no processo de aprendizado. Um dia chegaremos a ter um computador em cada carteira escolar. Isso já ocorre de forma semelhante na Inglaterra, onde cada estudante tem seu Iphone.

Texto de dez/09

## O internauta e seus anos na escola

Estudo realizado pelo Eurostat Indica entre os cidadãos europeus mostra a freqüência do uso da internet. Foram analisadas residências com pelo menos um morador, entre 16 e 74 anos de idade.

Das pessoas cujo estudo é baixo acessam com freqüência a internet 38% delas, enquanto esse índice vai a 87% entre aquelas que têm maior tempo de escola e faculdade. Essa diferença é maior entre os europeus com idades entre 55 e 74 anos, 15% entre os com menos estudo e 69% entre os que passaram mais tempo na escola. Na faixa etária entre 16 e 24 anos essa diferença diminui, fica 83% a 97%.

Uma conclusão é que as pessoas entre 16 e 24 anos acessam a internet regularmente, não dependendo tanto do nível de escolaridade. É um público que está familiarizado com essa ferramenta.

## 5 Anos de Pesquisas e-Números - Ecommerce

Outra conclusão é a da própria pesquisa, onde quanto maior o tempo dedicado aos estudos mais regularidade é o acesso à internet e a busca por informações e conhecimento.

O que importa é o papel fundamental da internet no dia a dia das pessoas. Vimos nesse blog que as pessoas acham desculpas para não praticar exercícios regularmente, mas sentem prazer em passear com seu cão. A mesma coisa ocorre com a internet, por mais corrido que esteja o dia das pessoas, elas sempre conseguem um tempo para checar emails e dar um oizinho no Twitter, Messenger, Facebook,Skype, Orkut e outras mídias. E visitar meu blog né, para saber o que andei escrevendo por aqui.

Texto de dez/09

### Acesso à internet no Brasil

A internet é presença habitual no dia a dia de 46% da população brasileira, sendo que 2/3 destes acessos são feitos de suas próprias casas e ¼ em lan houses.

Esses resultados foram obtidos em pesquisa com 12 mil brasileiros efetuada pelo Instituto Meta, em todos os estados brasileiros, a pedido da Secretaria de Comunicação Social da Presidência da República.

A medida que a renda familiar sobe, o acesso a internet também cresce, ao contrário das faixas etárias, que quanto mais jovem maior o acesso à rede.

Entre os internautas brasileiros 43,9% acessam todos os dias a internet, ou seja, mais de 20% da população maior de 16 anos acessa a internet todos os dias.

A média de acesso dos internautas é de 16 horas semanais. Esta média é maior entre os homens, pessoas entre 16 e 24 anos, de maior escolaridade e renda familiar. Quem acessa a internet de casa tem uma média de 21 horas semanais, maior que as 9 horas semanais dos acessos não-domésticos.

Muitos jornais e revistas são lidos na internet. Ela é responsável por 10% dos ouvintes de rádio, e acredito que na próxima pesquisa a programação de TV também será assistida por boa parcela da população nos seus computadores via internet. Cada vez mais a internet está

**5 Anos de Pesquisas e-Números - Ecommerce**

incorporando outros meios de comunicação nas suas fronteiras.

Texto de jul/10

<u>Cuidado com o que você posta por aí</u>

Quando você entra numa rede social, Twitter, Facebook, Orkut, FourSquare, Linkedin, My space e outras, a intenção é sempre fazer novas amizades, mostrar aos amigos um pouco do que você está fazendo, contar as novidades, e é claro, saber das notícias das pessoas conhecidas também.

Mas infelizmente você não é a única pessoa que quer saber o que acontece com os conhecidos.

A companhia britânica de segurança More Than fez uma pesquisa com 50 criminosos para saber como eles escolhem as suas vítimas para cometerem crimes. Dois entre três criminosos agem escolhendo suas vítimas com antecedência, e as páginas pessoais nas redes sociais respondem por 12% das fontes de informação dos criminosos, ou seja, não são apenas os seus amigos e conhecidos que sabem o que você está fazendo, mas os desconhecidos também, e aí mora o perigo.

45

As redes sociais são lugares agradáveis para estar, compartilhar alegrias e tristezas, saber o que acontece com os conhecidos, interagir mais com as pessoas, mas temos que ser mais cuidadosos com que vamos expor, já que pessoas com segundas, e até terceiras intenções, podem estar nos acompanhando.

Texto de set/10

## Mãe Empreendedora

Temos acompanhando no Pesquisas e Números a força das mulheres, como chefas, empreendedoras, trabalhadoras, com melhor memória, mais organizadas e na função de mãe com mais responsabilidades e capacidades, mas nem sempre sendo reconhecidas por isso.

Como as empresas não reconhecem a mulher mãe como uma trabalhadora comprometida e responsável, uma das opções para a mãe profissionalmente continuar ativa é empreender, abrir e gerir o seu próprio negócio. Assim surgem as "Mompreneurs", termo em inglês para definir as mães empreendedoras.

## 5 Anos de Pesquisas e-Números - Ecommerce

Para provar a capacidade e o sucesso das mães empreendedoras foi feito um estudo pela ONG Center for Women's Business Research. Outro estudo nessa área vem de outra ONG americana, National Association for Moms in Business, que concluiu que há 15 milhões de empresárias nos Estados Unidos, sendo 44% mães com filhos de até 18 anos, ou seja, significa que existem 7 milhões de mães empreendedoras nos Estados Unidos.

Fazendo essa mesma conta para as mães brasileiras, dum universo de 18,8 milhões de empreendedores, segundo a última pesquisa GEM, 53% são mulheres, 10 milhões de empreendedoras, considerando que metade delas são mães, estamos falando em 5 milhões de mães brasileiras empreendedoras.

Uma pesquisa britânica, feita pela Yellow Pages, com as mães empreendedoras daquele país, mostra que a idéia de abertura de um negócio próprio veio na gravidez, ou antes da criança completar o seu primeiro aniversário. As habilidades que as mães adquirem com a maternidade são fundamentais para o sucesso dos negócios, na opinião da imensa maioria das mães empreendedoras (92%).

Para a flexibilização dos seus horários e melhor aproveitamento do seu dia, a internet é fundamental para 51% das "Mompreneurs", já que 59% estão trabalhando entre as 21 e 24h e a internet é sua principal ferramenta de trabalho.

Dessa forma a mulher acrescenta mais um papel às suas funções diárias, além de mulher e mãe, ela é empreendedora, aproveitando profissionalmente as habilidades que naturalmente possui.

Texto de nov/10

Trabalhar em casa, ou no escritório?

O seu endereço comercial é o mesmo que o residencial?

Se ainda não é, num futuro não muito longínquo será.

A preferência de muitos trabalhadores brasileiros é por trabalhar em casa, segundo uma pesquisa feita em agosto e setembro deste ano em 13 países com usuários finais e executivos de TIs, pela Cisco.

## 5 Anos de Pesquisas e-Números - Ecommerce

A média dos 13 países foi de 60% que afirmaram não considerar que é preciso estar fisicamente no local de trabalho para ser produtivo. No Brasil este índice foi superior, de 76%. Apenas na Índia, com 93%, e na China, com 81%, esses números foram superiores ao brasileiro. Lembrando que Índia e China tem mais de 1 bilhão de habitantes, com um trânsito nada agradável.

Para 83% dos brasileiros entrevistados é preferível ter salários mais baixos, mas ter mais flexibilidade e mobilidade no trabalho, melhorando a sua qualidade de vida.

Os dispositivos e ferramentas oferecidos pelas empresas deveriam estar disponíveis para uso pessoal e profissional, na opinião de 77% dos brasileiros, superior à média mundial de 66%, mas inferior à quase unanimidade na Índia, de 95%.

O problema é que as empresas ainda não estão preparadas para isso, conforme responderam 45% dos entrevistados. Mas elas estão trabalhando nesse sentido, na opinião de 57% dos brasileiros.

Trabalhar em casa é uma opção que passa a ser considerada por número cada vez maior de pessoas, além da flexibilidade de horários e melhor mobilidade, com a invenção do notebook e do celular, as pessoas não se desligam da empresa no momento em que batem o ponto de saída, então nada mais justo do que flexibilizar os horários de trabalho. Esta pesquisa da Cisco mostrou que a produtividade das pessoas não está ligada ao fato de estar fisicamente presente no local de trabalho.

O trânsito das grandes metrópoles está cada vez pior, fazendo as pessoas gastarem cada vez mais tempo no trajeto de casa para o trabalho, e o home-office é uma solução para a melhoria no trânsito, já analisado no Pesquisas e Números. Desta forma o funcionário estaria trabalhando até mais do que as 8 horas diárias regulamentais, já que não perderia tanto tempo no trajeto casa-trabalho.

Ou seja, trabalhar em casa pode até aumentar a produtividade profissional.

Texto de dez/10

## 5 Anos de Pesquisas e-Números - Ecommerce

### O esporte comunicando

O Ibope fez uma pesquisa sobre como anda a comunicação esportiva em nosso país, assunto importante, já que nos próximos anos os principais eventos esportivos serão em terras brasileiras.

Entre as transmissões de televisão nas últimas Olimpíadas e Copa do Mundo de futebol, os principais anunciantes em Tv aberta foram cervejas, refrigerantes e lojas de departamento, enquanto nas Tvs por assinatura foram cervejas, veículos e instituições financeiras. Mais uma vez a cerveja é lembrada, não apenas por quem pratica, como já vimos quão saudável ela pode ser, como pelos que assistem.

A televisão é o meio mais procurado para se informar sobre esportes, com 72%, depois vem o rádio, com 21% (rádios FM 12% e AM com 9%), a internet com 16% e os jornais com 15%.

Entre os que acompanham esportes pela Tv, 54% são homens, 39% pertencem à classe AB, 56% tem mais de 30 anos, 72% trabalham e 41% praticam esportes.

Já os que acompanham pela internet, 66% são do sexo masculino, 54% pertencem à classe AB, 62% tem menos de 30 anos, 59% trabalham e 55% praticam esportes, ou seja, o público que acompanha pela internet é mais jovem e esportista.

Os principais motivos que levam o telespectador a escolher o que assistir são: qualidade das reportagens e entrevistas (47%) e credibilidade das informações (18%).

Os internautas procuram informações para estarem sempre atualizados (32%), pelas notícias abrangentes (31%) e pelos conteúdos mais completos (28%). São aproximadamente 8 milhões de internautas brasileiros que procuram informações esportivas na internet, sendo que 75% assistem vídeos e 34% utilizam blogs, sejam de programas esportivos (13%), jornalistas esportivos (13%) e torcedores (10%).

A televisão é fonte de 93% dos que assistem futebol, sendo que 41% assistem vôlei, 29% Fórmula 1, 20% vôlei de praia e 17% basquete, entre os esportes preferidos do brasileiro. Além desses mais citados, eu pessoalmente me junto aos 10% da população que acompanham tênis na televisão.

Além do esporte em si, no que mais as pessoas prestam atenção durante as transmissões?

## 5 Anos de Pesquisas e-Números - Ecommerce

Nas marcas do uniforme – 69%
No local do evento – 68%
Na fala do locutor – 67%

Conhecer os hábitos e costumes da população, e do consumidor, é importante para todos os segmentos, não apenas para os profissionais de marketing, e com nosso país sendo sede dos mais importantes eventos esportivos do mundo nos próximos anos os hábitos esportivos ganham ainda mais importância.

Texto de out/11

## Pessoas mentem mais pela Internet do que face a face

O texto de hoje é uma colaboração de Guenia Bunchaft, do site: http://sospesquisaerorschach.com.br/

Robert Feldman, da Universidade de Massachussets, realizou uma pesquisa em que constatou que o ser humano mente muito, mas mente mais quando pode se esconder por trás do computador do que quando conversa pessoalmente.

Reuniu 110 pares de estudantes e deu a cada um deles 15 minutos para que se conhecessem ;um terço conversou pessoalmente, o outro terço por chats e o restante por e-mails.

Os alunos assistiram, posteriormente, a gravação de suas respostas durante a conversa, de modo a identificarem os momentos em que mentiram. Feldman verificou que a quantidade de mentiras foi bastante grande mesmo face a face, porém foi três vezes maior entre os que usaram chats e e-mails.

Ele concluiu que a mentira parece ser uma espécie de convenção esperada de todos, o que leva a maioria a mentir em assuntos considerados inócuos; mas, quando a pessoa não está frente a frente com seu interlocutor, como é o caso da Internet, não sendo possível observar as expressões faciais, entonações e postura corporal de quem está falando, o ser humano realmente abusaria do "falseamento da verdade".

Texto de dez/11

A vida útil do que você compartilha na internet

Quanto tempo o que você compartilhou na internet fica no ar?

## 5 Anos de Pesquisas e-Números - Ecommerce

Para saber essa resposta o site bit.ly fez uma pesquisa para acompanhar o tempo que uma notícia fica no ar depois de compartilhada, considerando para essa análise os 1.000 links mais populares do próprio bit.ly.

No twitter o link fica em média 2 horas e 48 minutos, enquanto no facebook fica mais tempo, 3 horas e 12 minutos. Mas se compartilhar tanto no twitter quanto no facebook o link ganha mais 24 minutos de atenção.

Já no Youtube o link fica 7 horas e 24 minutos no ar, o dobro de tempo que o facebook e o twitter.

Esses números são importantes para quem investe em marketing digital. No exemplo da Melito, os produtos, ofertas e notícias que formos compartilhar devem levar em consideração não apenas o público alvo, mas também o tempo que a oferta estará "viva" e funcionando.

Texto de mar/12

## As palavras mais usadas em emails

Quando alguém está falando, continuam conversando, sempre colocando os verbos no gerúndio, dizemos que é linguagem de telemarketing, tamanha a colocação de gerúndios nas frases proferidas por operadores de telemarketing.

Mas com relação a emails, quais os termos mais usados?

Para tentar chegar ao ranking do que é mais usado em emails corporativos, um pesquisador da americana Universidade Georgia Tech analisou 500 mil emails da Enron, empresa americana de tecnologia, mais conhecida pela fraude enorme encontrada na companhia.

Na lista de palavras positivas estão: "a habilidade para", "eu tomei", estão disponíveis", "cozinha" e "pensei que você iria".

As 5 que lideram o ranking negativo são: "você já esteve", "você deu", "estamos em", "título" e "preciso em".

## 5 Anos de Pesquisas e-Números - Ecommerce

Considerando apenas esses 10 termos, tanto os positivos quanto os negativos, vemos que não são palavras negativas nem positivas, mas que acabam sendo utilizadas de maneiras que causam impactos positivos, ou negativos, em quem está lendo o email, influenciando a ação de quem recebe a mensagem, por vezes não trazendo o resultado esperado por quem envia o email.

Claro que não é fácil ser sempre positivo, mas pelo menos temos que tentar, não custa nada.

Texto de abr/12

## Tudo, menos a internet

O que você deixaria de fazer no seu dia a dia para ficar na internet?

O Boston Consulting Group entrevistou 20 mil pessoas nos países do G20 para saber as respostas para esta pergunta.

83% não iriam mais a fast foods

43% deixariam a bebida alcóolica de lado

Até esse ponto a internet estaria sendo mais saudável.

43% parariam com exercícios físicos (e os que já não o fazem?)
15% trocariam o sexo para estar mais tempo online
10% largariam seus carros
7% não tomariam banho (Steve Jobs estaria incluído nessa parcela)

A pesquisa concluiu que as pessoas estão cada vez mais dependentes da internet, criando um sentimento de agonia e falta de alguma coisa quando não conseguem checar seus emails, conferir o facebook ou entrar na internet.

Antigamente as pessoas davam boa noite ao Cid Moreira (apresentador do Jornal Nacional antes do William Bonner), hoje em dia antes de dormir o internauta avisa no facebook e twitter, #mimirtime.

O crescimento da internet está cada vez mais forte, hoje somos 1,9 bilhões de internautas, a previsão é que em 2016 estejamos em 6 bilhões no mundo todo.

Texto de abr/12

# 5 Anos de Pesquisas e-Números - Ecommerce

## Que mouse sujo

Você está lendo este texto com a mão no seu mouse?

Cuidado, você pode estar com sua mão em um objeto mais sujo até que um vaso sanitário.

Esse é um dos resultados de estudo realizado por pesquisadores do Initial Washroom Hygiene envolvendo 158 itens de 40 mesas de trabalho em alguns escritórios, que depois foram comparados com dados coletados de vasos sanitários em diversos edifícios.

Como muitas pessoas tem o costume de comerem diante do computador transformam essa área em um terreno fértil para as bactérias e os vermes, sem contar a gordura e os resíduos acumulados nas mãos. Tanto é que o segundo item mais sujo nos escritórios é o teclado, depois vem os telefones e as cadeiras.

Os mouses dos homens tem pelo menos 40% a mais de bactérias que os das mulheres. O mouse consegue ser duas vezes mais sujo que a descarga do banheiro, que tem mais bactérias e vermes que o próprio assento sanitário.

E agora, o que fazer para evitar bactérias de computador, que são piores que os vírus, podem afetar a saúde das pessoas?

Tentar diminuir a alimentação na frente do computador, lavar as mãos após as refeições e antes de começar a trabalhar e utilizar os kits de limpeza que já existem no mercado.

Texto de mai/12

Acabou o dinheiro

É o fim do dinheiro, sem ele o Brasil economizaria 1% do seu PIB.

Opa, que mágica é essa, como que acabando o dinheiro o PIB do país pode aumentar?

Esta é a conclusão do livro "The end of Money", (o fim do dinheiro) escrito pelo americano David Wolman, sobre o que aconteceria se não tivesse mais moedas e cédulas de dinheiro em circulação pelo mundo, comentado em matéria na Época Negócios.

Alguns números que mostram o que é gasto para a fabricação de dinheiro:

# 5 Anos de Pesquisas e-Números - Ecommerce

- Apenas para cunhar as moedas em circulação nos Estados Unidos são gastos 2 mil toneladas de níquel, 16 mil de zinco e 20,5 mil de cobre em um ano.

- O custo de produção da moeda de 1 centavo é de 2,4 centavos, enquanto a de 5 centavos é de 11,1 centavos.

- O Brasil economizaria R$41 bilhões se tirasse todas as notas e moedas que circulam pelo país.

Hoje em dia o uso do dinheiro tem sido mais virtual, os pagamentos via internet e até mesmo pelo celular estão crescendo, até mesmo valores baixos, como passagens de ônibus nas cidades podem ser adquiridos sem colocar a mão no dinheiro, basta alguns cliques e o cartão de transporte está carregado e pronto para ser usado nos ônibus, como acontece em Curitiba.

A Triclick é um exemplo disto, você entra na loja, escolhe o seu produto, define as condições de pagamento e acessa seu banco online, ou cartão de crédito, para efetuar o pagamento, fazendo a sua compra sem encostar os dedos em cédulas ou moedas, apenas alguns cliques foram suficientes para realizar compras que chegarão no seu endereço em poucos dias.

Acredito que o dinheiro físico continuará existindo, ainda não podemos dizer que está em extinção, mas a sua participação em nossas carteiras, bolsos e bolsas irá diminuir, graças ao crescimento das transações online.

Texto de jun/12

## Vendas pela internet

No primeiro semestre de 2012 chegamos aos 80 milhões de internautas no Brasil, sendo que quase metade destes fazem compras na internet.

Quais produtos são os mais comprados?

Em 2006, em pesquisa da e-bit publicada na revista **Exame PME de junho,** eram os Cds e DVDs, que respondiam por uma em cada 5 compras, vindo depois os livros, com 16% e os produtos eletrônicos, com 8,5%. Os 3 tipos de produtos mais comprados naquele ano respondiam por 44,5% de todas as vendas pela internet.

Apenas 5 anos mais tarde, em 2011, os produtos eletrônicos mantiveram a terceira posição, com 8%, mas a liderança foi para os eletrodomésticos, com 15%,

**5 Anos de Pesquisas e-Números - Ecommerce**

seguidos por produtos de informática, com 12%. Estas 3 categorias responderam, em 2011, por 35% de todo o comércio eletrônico.

A tendência de crescimento do acesso a internet em nosso pais existe, e com esse crescimento também deve aumentar o volume de negócios no comércio eletrônico, diversificando os produtos ofertados online.

Texto de ago/12

Os brasileiros no celular

No Brasil tem mais aparelhos celulares que gente, estamos perto de sermos 200 milhões de brasileiros vivendo no pais, enquanto já temos 250 milhões de celulares habilitados no pais.

É importante saber o que o brasileiro faz no celular, ou nos celulares, já que muitos tem mais de um aparelho. Por isso a Yahoo Brasil entrevistou 750 brasileiros para saber dos seus hábitos de internet no celular. Parte da pesquisa foi analisada no MktMais

Enquanto temos pouco mais de 80 milhões de brasileiros com acesso a internet somos mais de 45 milhões com

63

tecnologia 3G, ou seja, a maioria dos internautas brasileiros também acessa a internet na palma da sua mão com seu smartphone.

Checam seus emails no telefone 77% dos smartphonautas, enquanto 53% compartilham fotos pelo telefone.

Portanto tudo o que for escrever, publicar ou anunciar na internet tem que considerar a versão para os telefones celulares, que pode ser o primeiro lugar que sua mensagem vai ser vista, e deletada se não estiver carregada de acordo.

**Veja o texto no MktMais aqui.**

Texto de set/12

A internet e a televisão

Assistir televisão e navegar na internet ao mesmo tempo é comum para 43% dos internautas brasileiros quando **estão em suas casa, segundo pesquisa do Ibope no** início de 2012.

A sinergia entre a tv e a internet é grande, 70% dos consumidores simultâneos foram buscar na internet

## 5 Anos de Pesquisas e-Números - Ecommerce

informações sobre o que estava passando na televisão, enquanto 80% ligaram a tv, ou trocaram de canal, seguindo comentários postados na internet.

Tanto notícias, novelas, filmes, documentários e programas esportivos são assistidos na televisão e compartilhados na internet simultaneamente.

Essa audiência simultânea reforça a importância da publicidade considerar as diversas mídias na hora de escolher onde é melhor anunciar o seu produto, ou serviço, e dos motivos de vermos na televisão tantas propagandas de lojas online e de sites de internet, bem como anúncios na internet sobre programação da Tv.

A internet e a televisão se complementam, ainda não estão concorrendo entre si pela mesma audiência.

Texto de out/12


## Informação em papel e online

Analisamos por aqui que 46% dos brasileiros costumam ler jornal com freqüência, nas regiões metropolitanas esse índice chega a 37%, segundo pesquisa realizada pelo Ibope.

Destes leitores de jornal, 11% o fazem via internet, representando um grupo de 1,5 milhão de pessoas.

A diferença dos leitores online e os de "papel" está no seu engajamento e relacionamento com a noticia, Entre os leitores online 70% postam e produzem conteúdo na internet, 79% acessam blogs e outros portais. Entre os leitores de jornais "de papel" a porcentagem que acessa blogs e a internet para se sentirem informados chega a 50%.

Claro que 50% do universo dos 89% de leitores diários de jornais é um número maior que os 79% dos 11% online, mas o mais importante nesses números esta na leitura online de outras formas de informação como blogs, e seu compartilhamento em redes sociais, já que a velocidade de propagação das noticias se amplia com a internet.

A tendência destes números é de aumentar a leitura online, multiplicando ainda mais a propagação e alcance das noticias.

Texto de nov/12

## 5 Anos de Pesquisas e-Números - Ecommerce

### Livros no Brasil

Quantos livros você leu este ano?

O Ibope, através da ferramenta de potencial de mercado Pyxis Consumo, estima em R$8,2 milhões os gastos dos brasileiros com livros e publicações em papel para 2012.

Este valor supera em 14,5% o consumo literário de 2011, sendo que 52% dos leitores estão na classe B, que corresponde a 24,5% dos domicílios nacionais. Por outro lado a classe DE, que corresponde a 20,5% dos domicílios consome apenas 3,7% dos livros.

Outra pesquisa, também do Ibope, sobre a leitura de livros digitais, mostra que 18% dos brasileiros já leram pelo menos um livro em formato digital, enquanto 45% nunca ouviu falar da existência de livros digitais. Entre os leitores digitais 94% gostaram da experiência, sendo que 54% gostaram muito desta leitura. Mais da metade desses leitores tem menos de 24 anos e 53% pertencem a classe AB.

No Pesquisas e Números havíamos analisado o consumo de mídia no Brasil, onde, em 2010, 47% dos brasileiros haviam lido pelo menos 2 livros nos últimos 6 meses. este índice superava os leitores frequentes de jornais e revistas no país.

A medida que a pessoa vai ficando mais escolarizada sua renda aumenta, pois aumenta sua capacitação e qualificação profissional. O Brasil está aumentando, ainda que timidamente, o nível escolar de sua população, dessa forma a tendência é de crescimento do consumo de livros no pais, não apenas no formato impresso como no digital, o potencial de crescimento desta área é grande.

O hábito da leitura começa em casa, o incentivo caseiro é fundamental para iniciar e gostar de ler. Leia, compre livros e divida essa experiência com a sua família, com quem mora com você, leitura nunca é demais, não estressa nem cansa, muito pelo contrário.

Está sem idéia de qual será o próximo livro para ler, você pode escolher alguns livros neste link, tanto impressos como digitais.

Boa leitura!!!

Texto de nov/12

## 5 Anos de Pesquisas e-Números - Ecommerce

A publicidade na Tv e a internet

Vimos aqui que a internet e a televisão são veículos que se complementam em termos de audiência e mídia  não concorrem entre si pelo mesmo publico.

Mas isso representa os programas que passam na Tv, e quanto a publicidade na Tv, quanto ela é compartilhada e gera engajamento dos internautas nas redes sociais?

Para estudar essa ligação entre a publicidade na Tv e o engajamento nas redes sociais, a E.life fez um estudo publicado na Exame, vamos a alguns resultados:

- 50% dos TT, Trending Topics, assuntos mais comentados do Twitter vem da Tv.

- 50% dos internautas assistem Tv enquanto navegam na internet.

- índice de buzz no facebook e twitter sobre as propagandas chegou a 3% do total de mensagens.

- inserções durante as novelas geram maiores resultados, por ser no horário nobre da Tv.

- O aumento no numero de tweets vai de 2 a 10 vezes se inserir uma hashtag (#) na campanha televisiva

Ou seja, os programas da Tv, e sua qualidade, influenciam o engajamento do internauta, e se a estratégia de marketing quiser incluir um maior engajamento nas redes sociais basta colocar a hashtag da campanha na Tv.

Única coisa que não se pode fazer é ignorar a ligação existente entre a televisão e a internet quando for planejar a estratégia de marketing, mesmo que não se queira, a publicidade na Tv vai estar presente também na internet.

Texto de nov/12

Emails, spams e enganos

Quando você abre sua caixa de emails, quantos emails estão esperando para serem abertos?

Para saber como as pessoas tratam seus emails os membros da Rede Exame PME responderam uma

## 5 Anos de Pesquisas e-Números - Ecommerce

pesquisa cujos resultados foram publicados na edição de fevereiro da Revista Exame PME.

Mais da metade dos emails são considerados lixo em 59% das caixas de emails dos respondentes, demandando uma média de 10 minutos a cada hora gasta na organização dos emails.

Com tanto spam e emails que não serão lidos e imediatamente deletados, existe a chance de algum email importante entrar no bolo e ser apagado sem querer, isso ocorreu mais de 5 vezes para 42% dos consultados nessa pesquisa.

Como todos nós enviamos emails, além de recebedores de emails, onde precisamos aprender a nos organizar para otimizar o tempo gasto, também temos que fazer com que seja lido e não vá direto para a lixeira, portanto, o titulo do email, o assunto, ocupa o papel principal, e as primeiras frases também ajudam a manter o email ali antes de ser deletado e enviado para a lixeira.

Texto de mai/13

## O perigo da e-abstinência

No Pesquisas e Numeros já vimos o que as pessoas deixam de fazer para estarem conectadas a internet,

Uma pesquisa inglesa, da Swansea University, aprofunda o estudo sobre a dependência que os internautas têm de estar sempre conectados, bem como dos seus efeitos psicológicos nas pessoas.

A Universidade, situada na Grã-Bretanha, pesquisou 60 pessoas com idade media de 25 anos, fazendo diversos testes para checar seus níveis de vício na internet, alem do humor, ansiedade e depressão Depois eles tinham 15 minutos de navegação na internet antes de fazerem testes novamente.

Esse tempo de navegação na internet fez com que as pessoas analisadas se sentissem "aliviadas" por estarem na internet novamente, e a falta, a abstinência de internet as deixou mais irritadas, semelhante ao comportamento de outros vícios, como por exemplo o cigarro.

É exatamente aquela sensação que as pessoas tem de não poderem checar seus emails, status do facebook e

## 5 Anos de Pesquisas e-Números - Ecommerce

outras coisas mais na internet, passa a impressao que estão perdendo alguma coisa importantíssima por não estarem na internet.

Esse vício tem cura?

Tem sim, como todos os outros vícios mas nem adianta procurar a cura no Google, busque apenas equilibrar mais a vida online com a pessoal, e claro, sempre visitando este blog, mas moderadamente.

Texto de mai/13

## Um minuto de internet

Um minutinho de sua atenção, por favor.

Parece pouco, não acha?

Na internet acontece as seguintes coisas nesse tempão:

- mais de 2 milhões de pesquisas feitas no Google,
- mais de 200 milhões de emails enviados,
- mais de 80 mil dólares de vendas na Amazon,
- 6 novos artigos publicados no Wikipedia,
- mais de 270 mil logins no Facebook,

- mais de 100 mil novos tweets,
- mais de um milhão de vídeos vistos no Youtube,
- quase 50 mil downloads de aplicativos de smartphones.

Além de significar que um minuto é relativo, mostra o poder e rapidez da internet e de tudo que acontece nessa rede.

Texto de ago/13

## O comportamento do internauta brasileiro

A e.life fez uma pesquisa para saber o comportamento do internauta brasileiro, entrevistando 650 pessoas através das redes sociais.

A pesquisa mostrou alguns avanços em relação ao último ano, vamos aos números:

O celular é a principal fonte de acesso a internet para 11%, enquanto para 54% esta na segunda posição aumentando o acesso por este dispositivo. Mas o acesso é curto, 55% acessam menos de 10 horas semanais.

## 5 Anos de Pesquisas e-Números - Ecommerce

O Facebook continua sendo a rede social preferida dos brasileiros, 82% tem perfil nesta rede. Enquanto o Google Plus e o Linkedin ampliam a sua abrangência o Orkut continua em queda livre. O Instagram e o Pinterest tiveram um bom aumento também, fortalecendo as redes sociais focadas em imagens e fotos.

A internet e a tv dividem a atenção de 71% dos internautas, enquanto 50% dividem com o radio.

93% curtem empresas nas redes sociais, sendo um importante canal de comunicação entre a empresa e seu publico, já que 49% passaram a admirar mais a empresa depois de seguir e acompanhar a empresa nas redes sociais.

Concluindo, o celular cresce em importância como local de acesso a internet, enquanto as redes sociais seguem como um dos principais meios de comunicação entre a empresa e o seu mercado, o seu consumidor. Portanto, devemos dar atenção ao formato dos sites no celular, a facilidade em navegar e cuidar com as contas empresariais nas redes sociais.

Texto de set/13

## Que canseira

Você tem se sentido mais cansado ultimamente, ou conseguiu descansar nas festas de fim de ano e 2014 promete ser um ano com toda a sua energia?

Uma pesquisa feita com quase 1500 participantes do Painel Conectaí do Ibope em outubro de 2013 revelou o grau de cansaço dos internautas brasileiros.

No Pesquisas e Números havíamos visto que o stress estava diminuindo, mas nessa pesquisa do Conectaí os resultados mostraram que 98% dos internautas brasileiros estão cansados, física ou mentalmente.

Para 54% o cansaço é físico e mental, enquanto 26% apenas mentalmente estão cansados e 20% fisicamente.

Apenas 26% dos "cansados" fazem alguma atividade física pelo menos 3 horas por semana.

Para 42% essa fadiga afeta o seu humor algumas vezes, enquanto 30% sempre estão mau humorados graças ao cansaço.

## 5 Anos de Pesquisas e-Números - Ecommerce

Apesar dessa canseira generalizada, 43% consideram sua qualidade de vida boa ou ótima, 46% responderam regular e apenas 11% reclamaram que sua qualidade de vida está ruim ou péssima.

E o que fazem os 2% que não estão cansados?

Basicamente mantém o equilíbrio entre a vida pessoal e profissional, tem uma alimentação mais equilibrada e dormem bem, não sofrendo de insônia.

Ja havíamos visto outros dados mostrando a importância da internet na rotina das pessoas, quando elas deixariam de fazer varias coisas, mas dificilmente largariam a internet, ainda mais com os smartphones levando a internet na palma das mãos das pessoas.

O que não pode fazer é deixar que a internet tome conta da sua vida, assim vai deixar você mais cansado e indisposto, tente manter uma harmonia entre a sua vida online com a offline, o equilíbrio não faz mal a ninguém.

Texto de fev/14

## Quanto Zettabyte solto por ai

Você tem idéia da quantidade de informação que é gerada e fica armazenada na internet?

Em 2013 vimos a quantidade de anúncios que o internauta brasileiro vê por mês, agora vamos imaginar a quantidade de informação que circula pela rede mundial.

Em 2011 foram criados 2 Zettabytes, número que passou para 3 em 2012, 5 em 2013, com previsão de 8 em 2015 e chega em 35 Zettabytes em 2020.

A primeira definição está no tamanho de um Zettabyte, que significa um trilhão de Gigabytes, onde um Gigabyte possui 1.000.000.000 bytes, 9 zeros depois do 1. Com isso, um trilhão de Gigabytes tem 1.000.000.000.000.000.000.000 bytes, 21 zeros. Um Zettabyte equivale a 250 bilhões de DVDs, 75 milhões de Ipads e 1 bilhão de PCs, apenas para temos alguns comparativos.

O grande desafio do profissional de hoje é de saber como utilizar essas informações, o que fazer com esse crescimento de Zettabytes que é criado no mundo. De

## 5 Anos de Pesquisas e-Números - Ecommerce

nada adianta tanta informação sem saber o que fazer com elas.

Você pode buscar informações sobre potenciais clientes para sua empresa dentro destes Gigabytes. Por exemplo, para um restaurante captar novos clientes basta oferecer um "comemore seu aniversário conosco e jante de graça" entrando no facebook e vendo quem faz aniversário (o próprio gerenciador de anúncios do facebook oferece esta alternativa).

O primeiro passo é descobrir onde captar informações que sejam importantes para o seu negócio. Em reportagem publicada na revista Exame PME 66% das empresas já usam informações próprias da web, como características dos visitantes e cliques em suas páginas, 46% usam as mídias sociais, enquanto 54% pretendem usar informações vindas dessa fonte para tomar decisões estratégicas na empresa, desde a área de marketing até a de Recursos Humanos.

Depois que a informação é coletada o próximo passo é saber o que fazer, como analisar essa informação em prol da empresa. Nesse ponto começam os problemas, como a falta de profissionais especializados para desempenhar essa função, citado por 41% das empresas, além da demora para filtrar e validar as informações, com 39% de citações.

A informação é como qualquer matéria prima, tem que saber como coletar e usar para aproveitar o seu potencial, e dentro desses Zettabytes o poder de coleta e análise das informações ganha cada vez mais importância na estratégia de qualquer negócio.

Texto de abr/14

## 5 Anos de Pesquisas e-Números - Ecommerce

# Facebook

## As mídias sociais nas empresas latinoamericanas

As 160 maiores empresas da América Latina foram consultadas semanas atrás pela Burson-Martseller para saber como elas estão lidando com as mídias sociais.

Usam pelo menos uma mídia social 49% das empresas. Entre as 100 maiores empresas no mundo listadas pela Fortune esse índice é de 79%. O México tem maior índice, 80% e a Argentina o menor, 25%, o Brasil chega a 63%.

O Facebook tem menor presença em Porto Rico, apenas 5% têm perfis nessa rede social, o México chega a 80%, Venezuela a 75% e o Brasil com 16% das empresas com perfis de fãs no facebook. Apesar da pouca presença na rede, todas as empresas de Porto Rico estiveram ativas na última semana, que nem as empresas brasileiras, onde 100% postaram algo na semana de realização desta pesquisa, acima da média da América Latina, de 60% e das empresas globais, de 59%.

## 5 Anos de Pesquisas e-Números - Ecommerce

O Twitter é menos utilizado em Porto Rico, com os mesmos 5% do Facebook, no México esse índice é de 60% e no Brasil 53%. A média de tweets semanais na América Latina é de 26, próximo da média global de 27. A Argentina, apesar de apenas 15% de suas empresas terem perfis na página do microblog, é o país cujas empresas mais tweetam, com 54 semanais. O Brasil é onde as empresas tem mais seguidores (4206) e seguem mais contas (1147), superior inclusive à média global. Apesar da pouca presença no Twitter, as empresas são bastante comentadas, 53% são mencionadas em tweets nos países da América Latina, maior até que nas empresas globais, de 42%, a Colômbia é onde as empresas são mais citadas em tweets, com 86%, enquanto no Brasil o índice é de 37%, menor do que o percentual de empresas presentes nesta rede social.

O Youtube é melhor aproveitado no Chile (43%), Brasil (42%) e México (40%), apesar de estar abaixo da média global, de 50% e acima da América Latina, de 25% de contas de empresas nesta rede social. Os vídeos corporativos na América Latina têm média de 12.462 visualizações, abaixo da média global de 38.958. O Brasil se destaca, com média de 45.259 visualizações, puxadas graças à Petrobras, que com seus vídeos sobre trabalho social, comunitário e ambiental tem média superior às 250 mil visitas. Os vídeos criativos e divertidos são os que mais chamam a atenção do público.

Os blogs corporativos estão presentes em 11% das empresas na América Latina e 33% entre as 100 maiores do mundo. Argentina e México não tem nenhuma empresa que tenha blog, enquanto as empresas brasileiras se destacam, com 37%, superior até mesmo às empresas globais.

As mídias sociais existem, são realidade, mas as empresas ainda não estão sabendo aproveitá-las. Um exemplo disso está no twitter, onde mesmo as empresas não estando presentes, elas são comentadas pelos usuários, se elas tivessem mais presença, poderiam interagir mais com seus clientes, ganhar mais fidelização, conhecer o seu cliente, atender de maneira mais personalizada o que estão precisando e buscando.

Texto de dez/10

# 5 Anos de Pesquisas e-Números - Ecommerce

## As marcas nas redes sociais

Por que uma empresa entra nas redes sociais?

Para responder a essa pergunta a RMA Comunicações fez uma pesquisa em fevereiro com o objetivo de entender a percepção do internauta brasileiro sobre o que torna uma marca útil para a pessoa nas redes sociais.

Dos respondentes do Brasil inteiro, 50% são da geração Y (18 a 29 anos) e 42% da X (30 a 49 anos)

Estão engajados nas redes sociais 81%, sendo que 17% apenas observam o que acontece, enquanto 64% compartilham assuntos e interagem com outros internautas.

O facebook é a rede social preferida de 84%, o twitter tem 12%, o Linkedin 3% e o Orkut apenas 1%.

60% consideram que as marcas são úteis nas redes sociais, sendo que 89% consideram importante a publicação de informações relevantes, 87% a rapidez no atendimento e 85% a prestação de serviços.

Basicamente as empresas que entram nas redes sociais têm que saber interagir com o público, muitas vezes as reclamações do consumidor são resolvidas mais rapidamente pelas redes sociais que pelos tradicionais canais de SAC, pela multiplicação das opiniões publicadas, fazendo com que a interação empresa-consumidor seja mais dinâmica.

Não basta apenas criar uma página, um perfil na rede social, é necessário a interação com o público. As redes sociais são o principal canal de comunicação da empresa com seu público e não mais os serviços de SAC.

Texto de abr/12

Google ou Facebook, onde anunciar

Os dois gigantes da internet oferecem serviços diferentes ao internauta, mas duelam pelos anunciantes do e-marketing

O facebook tem 1 trilhão de páginas vistas por mês, enquanto o Google 180 bilhões, mas o faturamento do buscador foi 10 vezes o da rede social em 2011.

# 5 Anos de Pesquisas e-Números - Ecommerce

A receita do Google vem 96% dos anúncios, enquanto o Facebook obtém 85% através da propaganda.

Vejam a experiência da Melito com essas plataformas.

No primeiro semestre de 2012 parte da verba publicitária da Melito foi dividida em Google Adwords e em anúncios no Facebook.

No Google o gasto foi quase 3 vezes superior ao investido no Facebook, com relatórios sobre número de visitas, vezes que a propaganda foi divulgada e um bom número de estatísticas sobre quem acessou a Melito através destas 2 plataformas.

Mas o que interessa mesmo são as vendas geradas por estes anúncios. Tanto o Facebook quanto o Google trouxeram não apenas visitas, mas compradores e consumidores que compraram na loja, os investimentos geraram as vendas correspondentes, o triplo de investimento no Google gerou 3 vezes mais vendas, comparado ao Facebook. Mas não sei se a Melito investir o mesmo valor no Facebook e no Google o retorno será o mesmo.

Para quem não conhece a Melito, sugiro pesquisar a página no Facebook, ou buscar "melito" no google, e veja se aparece a loja www.melito.com.br por lá.

Vamos ver qual das plataformas traz mais resultado, em qual delas vai aparecer a Melito na sua pesquisa.

A única certeza é que não dá para deixar de anunciar em nenhuma destas 2 plataformas.

Texto de jul/12

O tempo para responder o consumidor

Quando acontece algum problema com algum produto ou serviço que você adquiriu, o que você faz?

Entrar em contato com o SAC da empresa para tentar resolver o problema, fazer uma denúncia no Procon, postar um texto no site Reclame Aqui ou buscar contato através das redes sociais são as principais ferramentas de contato entre o consumidor e a empresa na hora de buscar uma solução para o problema.

## 5 Anos de Pesquisas e-Números - Ecommerce

Um pin do painel Social Media da Martha Gabriel no Pinterest traz os dados de levantamento feito no segundo semestre de 2012 sobre o tempo de resposta das empresas nas redes sociais. Vamos aos números pinados:

No facebook o tempo médio de resposta foi de quatro horas e meia.

No twitter foi de duas horas e quinze minutos.

Somando o twitter e o facebook o tempo foi para três horas.

A grande maioria das respostas foram dadas em menos de 24 horas após o cliente ter entrado em contato com a empresa nas redes sociais, não indicando que as empresas resolveram nesse tempo o problema do consumidor, mas pelo menos tomaram conhecimento do problema.

A grande questão aqui não é de mostrar qual o melhor canal para o consumidor fazer a sua reclamação quando tiver problemas com alguma empresa, mas principalmente deixar claro a importância que as redes sociais tem no contato das empresas com seus consumidores, devendo ser uma ferramenta importante para que toda empresa possa conhecer e se tornar "amiga" do seu publico, e dessa forma atender e servir seu consumidor da melhor maneira possível.

Texto de abr/13

## O facebook está animal

Não estou utilizando de gíria para falar do facebook, mas para analisar uma pesquisa que afirma que a bicharada também freqüenta as redes sociais, tomando conta de pelo menos 10% do facebook.

Neste blog já havíamos visto que a família brasileira esta diferente, com a presença cada vez maior de animais domésticos em casa, agora a agencia eMarketer confirmou a presença constante de cães, gatos, pássaros e outros animais com perfis ativos no facebook também, conforme reportagem publicada no Zero Hora. Pelo menos 10% dos perfis ativos no facebook são de animais.

Parece que não são os animais que postam, curtem e compartilham matérias na rede, mas seus donos fazem esse papel, traduzindo seus latidos, miados e pius.

## 5 Anos de Pesquisas e-Números - Ecommerce

Brasil, India e Russia são os países com maior presença animal na rede.

Inclusive o cachorro do Mark Zuckerberg, o criador do Facebook, tem um perfil na rede, o Beast não poderia ficar de fora dessa. Não se sabe se Zuckerberg criou o perfil por iniciativa própria ou por pressão animal do Beast, que poderia se sentir rejeitado enquanto seus outros amigos animais já estavam na rede.

O mercado animal não pode ser desprezado, inclusive na internet, redes sociais e tudo o mais.

Texto de ago/13

## Os eventos nas redes sociais

Quantas vezes você é convidado para um evento e tem que confirmar sua presença via redes sociais?

Isso sem contar as vezes que vai conferir os convidados para saber se vai no evento, se vale a pena, se o público vai ser do seu agrado e outras coisitas mais.

Por isso as redes sociais estão cada vez mais presentes na vida dos organizadores de eventos no mundo todo, independentemente do tamanho do evento.

No MKTmais tem uma pesquisa com os organizadores de eventos no mundo sobre sua relação e uso das redes sociais na organização, administração e promoção dos seus eventos.

O Facebook lidera a presença, com 78%, seguido do Twitter (56%), Linkedin (49%), Youtube (42%) e Google + (39%).

Para 58% o principal objetivo é o de aumentar a percepção, a atenção que o evento deve receber, enquanto 49% querem basicamente ampliar a presença da marca. A criação de um novo canal de comunicação responde por 41% enquanto 30% buscam maior lealdade a marca com açoes de eventos em redes sociais.

Vimos por aqui a repercussão das empresas nas redes sociais, bem como o tempo que cada postagem nas redes sociais dura, agora vemos que as redes sociais tem um importante papel nos eventos, sejam quais

## <u>5 Anos de Pesquisas e-Números - Ecommerce</u>

forem, desde aniversários de família até final de Copa do Mundo.

É cada vez mais importante o uso das redes sociais por todos, ganhando espaço cada vez maior na rotina diária de pessoas, empresas e até mesmo pelos animais.

Texto de dez/13

# Twitter

E o Twitter?

Foi divulgada pela Pear Analytics uma pesquisa traçando o perfil dos usuários do Twitter nos Estados Unidos.

Quem são?
Mulheres são maioria, 55%.
Têm entre 18 e 34 anos, 43%.
Têm entre 35 e 49 anos, 30%
Idade inferior a 18 anos, 8%.
Caucasianos são 78%, mas os afro-americanos são 11%.

Sobre o que as pessoas twittam?
O estudo dividiu os assuntos tratados em 6 áreas:
1°) Pontuais (fui tomar banho) – 40,55% dos tweets.
2°) Conversas (oi, tudo bem?) – 37,55% dos tweets.
3°) Copiar e colar (RT @romeuhfj disse que...) – 8,7% dos tweets.
4°) Promoção pessoal (visite meu blog) – 5,85% dos tweets.

## 5 Anos de Pesquisas e-Números - Ecommerce

5º) Spam (ganhe dinheiro rápido, clique aqui) – 3,75% dos tweets.

6º) Notícias (a bolsa subiu) - 3,6% dos tweets.

Usam com regularidade, 27%.

Apenas 5% dos usuários geram 75% dos tweets, 5% possuem mais de 100 seguidores, 20% criaram suas contas e abandonaram e 50% não twittaram nada na última semana.

Essa é a forma como o americano utiliza o Twitter. Os Estados Unidos são o 2º país no ranking de navegação de seus internautas, com 67 horas e 33 minutos mensais em média.

Quem é o líder deste ranking?

O Brasil, com 71 horas e 30 minutos, 6% a mais que os americanos.

Agora vamos ver esses números na minha conta do twitter (http://twitter.com/romeuhfj).

Tenho 1.144 seguidores e sigo 1.865 até agora.

Considerando o número de seguidores, o número máximo dos que me seguem com regularidade é de 309 dos meus 1.144 seguidores cadastrados (27%).

Dos 1.865 perfis do Twitter que eu sigo, considerando que apenas 5% corresponde a 75% dos tweets, posso dizer que sigo mesmo apenas o que 93 pessoas tweetam.

Tenho mais de 100 seguidores, vou divulgar este post no twitter, "Promoção Pessoal", e às vezes repito tweets interessantes, "Copiar e colar", ou seja, faço parte da minoria no Twitter.

Texto de ago/09

## Quem twitta

No Pesquisas e Números já havíamos visto o perfil do twittador nos Estados Unidos, onde a maioria era de mulheres, twittando sobre assuntos pontuais e conversas.

Outra pesquisa sobre quem twitta foi feita pela empresa Beevolve, estudando mais de 36 milhões de perfis no mundo todo, publicada no MKTmais.

A maioria dos twitteiros é twitteira, mulher, fala inglês e usa Iphone. Elas falam sobre moda e família, usando o roxo como cor de fundo. Os homens twittam sobre esporte e tecnologia, usando tons escuros no seu background.

Outro dado interessante que esta pesquisa traz diz respeito a popularidade, onde 25% dos twitteiros nunca twittaram, estão lá apenas para ler, 81% possuem menos de 50 seguidores e a média dos seguidores ficou em 208 perfis.

O que a pesquisa nos informa é que sempre tem alguém que lê e te segue, mesmo que não pareça, portanto você não esta sozinho no twitter.

Quer me seguir e ver o que eu twitto? Clica aqui e siga-me.

Texto de dez/12

## O Twitter em 2012

O Twitter foi uma ferramenta muito usada em 2012, inclusive este texto vai ser twittado e retwittado para que seu alcance seja maior.

Quantas vezes você muda o canal da tv por causa de um tweet de alguém comentando sobre o programa, isso tem se tornado comum.

A repercussão nas redes sociais tem estado cada vez mais importante no planejamento de marketing das marcas, das empresas, e também das pessoas.

A vida útil de um tweet também foi analisado por aqui em 2012, importante saber por quanto tempo o seu tweet vai estar vivo.

O twitter foi em 2012, e continuará sendo este ano, um bom canal de divulgação e interatividade entre as pessoas, os internautas.

Texto de jan/13

# 5 Anos de Pesquisas e-Números - Ecommerce

# Ecommerce

## Demorou, o cliente vai embora

Você está procurando algum produto ou serviço na internet e a página demora para carregar, o que você faz?

Para saber a importância da rapidez na internet o Aberdeen Group monitorou 1200 sites e entrevistou 120 usuários em 36 países em 2011. Alguns resultados foram publicados na edição de junho da revista Exame PME.

Se a página demorar mais de 3 segundos para aparecer na tela, 57% dos internautas desistem de sequer pesquisar para comprar, sendo que 80% deles ficam pelo menos 6 meses sem aparecer nem buscar essa página novamente.

Cada segundo de demora na página para seu carregamento significa, em média, uma queda de 7% nas vendas e 16% a menos na satisfação do cliente.

## 5 Anos de Pesquisas e-Números - Ecommerce

A Amazon estima que a cada décimo de segundo que suas páginas ficam mais velozes seu faturamento sobe 1%.

No blog Plantão Online há números interessantes sobre esse assunto, que foi tema do Fórum nacional de E-commerce, vale a pena acessar e ver os números e o texto. Clique aqui para ir ao Plantão Online.

Nas lojas de ruas e shoppings o cliente passa em frente à loja e pode decidir entrar, ver as vitrines, conhecer a loja e virar cliente. Na internet não há lugar para os clientes "passearem" e encontrarem a loja, quando conseguem visitar a sua loja o grande desafio é fazer com que gostem, que permaneçam mais tempo visitando as várias páginas do site e adicionem o seu site à sua lista de favoritos.

Por isso é fundamental a velocidade em que a página da loja é carregada, para que a 1ª impressão seja realmente marcante, fazendo com que o site e o internauta tenham uma relação mais duradoura.

Texto de jul/11

## O crescimento do pequeno e-commerce

O comércio eletrônico cresce a cliques vistos, ano a ano as estatísticas sobre o crescimento das lojas existentes e dos e-consumidores tem crescido.

Comparando os dados publicados na revista Exame PME sobre os últimos 3 anos no comércio eletrônico percebe-se que as vendas totais passaram de 14,9 bilhões de reais em 2010 para 18,8 em 2011 e foi de 23,4 bilhões de reais ano passado, o que significou vendas de 40,1 em 2010, de 53,7 em 2011 e de 68,8 bilhões de reais em 2012.

Mas tem um dado nessa estatística que caiu, o do ticket médio, que era de 373 reais em 2010, foi de 350 em 2011 e chegou a 340 reais ano passado, isto sem considerar a inflação nesse período.

A principal causa do aumento do comércio eletrônico com a queda do ticket médio pode ser explicada pela proporção das 50 maiores empresas na participação do comércio eletrônico total, que era de 89% em 2010, caiu para 88% em 2011 e para 87% ano passado.

## 5 Anos de Pesquisas e-Números - Ecommerce

Este sinal é importante, mostra que as pequenas empresas também tem seu lugar no comércio eletrônico, ganhando mais espaço, mesmo com a facilidade que o e-consumidor tem de visitar lojas virtuais na internet e pesquisar as melhores ofertas.

Texto de jun/12

## Loja física X Loja virtual

Temos acompanhado o crescimento do e-commerce ano a ano, inclusive com a ampliação das categorias de produtos e serviços disponíveis ao e-consumidor e da parcela das pequenas e micro empresas na participação de vendas online.

A maioria das empresas considera importante ter uma loja virtual além das lojas físicas, para incrementar as vendas e manter a sua fatia de mercado. Quem não ficou surpreso com a entrada do Carrefour no e-commerce, quando anunciaram que a rede francesa criaria a sua loja virtual quando todos os seus concorrentes já estavam na internet, a surpresa foi na pergunta: "eles ainda não tinham loja virtual?", demonstrando que as lojas virtuais e físicas podem caminhar juntas, se complementam.

Mas quando as lojas virtuais matam as lojas físicas, o que acontece?

Segundo estudo publicado no Valor Econômico, quando as vendas online respondem por 15% das vendas totais duma determinada categoria, as lojas físicas quebram, pelo menos isso tem ocorrido nos Estados Unidos. A Blockbuster quebrou quando as vendas de vídeos online atingiram 17% do mercado.

As vendas totais pela internet estão crescendo a números três vezes maiores que o varejo tradicional.

No Brasil a internet responde por 3% das vendas do varejo total, enquanto na Inglaterra e Estados Unidos essa parcela se situa em torno dos 9%.

O índice de compras pela internet não vai chegar aos 100%, as lojas físicas não vão deixar de existir para transformar o mundo em uma grande rede onde tudo pode ser feito pela internet, mas a internet e o varejo online estão cada vez mais aumentando o seu espaço fazendo com que a concorrência por inovações, seja no e-marketing, nos e-produtos e nos e-serviços esteja cada vez mais acirrada. Texto de ago/12

# 5 Anos de Pesquisas e-Números - Ecommerce

## O Brasil é o melhor na América Latina em relação ao e-commerce

Como saber se um pais está preparado para que sua internet possa ser um canal de vendas confiável para sua população?

A pesquisa feita pela America Economia Intelligence revela índices interessantes a esse respeito, que foi chamado de e-readiness.

Essa pesquisa compara o quanto 18 países da America Latina estão desenvolvidos para o comércio eletrónico, com base no volume de mercado, na infraestrutura tecnológica, na penetração dos serviços bancários, na adoção de novas tecnologias e na força da oferta doméstica.

Todos os índices pesquisados mostraram uma evolução na America Latina, cujo índice estava em 0,62 em 2009 e chegou a 0,80 em 2011, ano da realização deste estudo.

O Brasil está no topo, com índice de 1,24, tendo a companhia do Chile (0,80) e do Uruguai (0,71) para completar o pódio.

Esses dados refletem a realidade de 2011, agora para 2013 com certeza os índices devem ter melhorado ainda mais, mostrando o grande potencial que o e-commerce tem, com o Brasil estando na frente dos nossos vizinhos latino americanos.

Texto de mar/13


Brasil, rumo ao Top 5

Temos acompanhado a evolução do e-commerce mundial e especialmente o brasileiro, onde somos os líderes na America Latina.

Mas, a nível mundial, como estamos?

Os 10 países com mais movimento de e-commerce, nesta ordem:

1) Estados Unidos
2) China
3) Japão
4) Alemanha
5) Grã-Bretanha

## 5 Anos de Pesquisas e-Números - Ecommerce

6) França

7) Brasil

8) Russia

9) Coréia do Sul

10) Itália

Ficamos na sétima posição com 3,1% de todo o e-commerce do mundo em 2012, mas se continuarmos nesse ritmo de crescimento, somados com as quedas na Europa, a tendência mostra que já em 2013, ultrapassamos a Grã-Bretanha e a França, sendo que em 2016 deixamos a Alemanha para trás e assumimos a posição de quarto maior mercado de e-commerce do mundo.

Em 2016 a China deve ser a líder do ranking, ultrapassando os americanos.

Esses são os resultados do T-Index, um índice estatístico que mostra o mercado online por pais com base no numero de internautas e de seu PIB per capita.

Os gráficos a seguir são muito interessantes, ilustrando o que estamos comentando:

O resultado desta tendência no crescimento do comércio eletrônico no Brasil já temos analisado e mostrado ultimamente, estes dados do T-Index comprovam o nosso potencial de crescimento, que pode trazer junto o crescimento econômico do próprio pais, que esperamos e torcemos para que aconteça.

Texto de mar/13

## A compra de artigos para bebê e infantis online

Quem faz a compra de produtos que não é feita pelos seus usuários, como artigos infantis e para bebês?

O Ibope quis saber a resposta para essa dúvida nas compras pela internet, vamos mostrar alguns dados do relatório de fluxo de consumo feito pelo E-tail report, com o monitoramento de venda online em 9 regiões metropolitanas nacionais e algumas cidades do interior das regiões sul e sudeste.

Fraldas descartáveis, cadeiras para automóveis, lenços umedecidos e brinquedos, respondem por 76% dos produtos que são comprados na internet para as crianças.

## 5 Anos de Pesquisas e-Números - Ecommerce

Como as crianças, por mais precoces em internet e informática que possam ser, ainda não podem fazer compras online, quem é o responsável por essas compras?

As mulheres respondem por 61% das compras dessa categoria na internet, mas acredito que esse número possa ser ainda maior, já que muitas mães utilizam o cartão de credito e os dados do pai da criança para comprar online.

Como já vimos outras vezes aqui, a mulher é quem decide a compra na maioria dos casos, portanto toda estratégia de marketing para a venda de produtos infantis deve estar direcionada a conquistar a atenção das mães.

Texto de jun/13

## O valor das palavras chave no Google

Como funciona o Google?

Quando você procura alguma coisa vai no Google digitar esta palavra para ver se encontra o que busca, simples não é?

Exatamente, simples assim o Google te mostra como encontrar aquilo que você procura, colocando ao seu dispor milhares de resultados daquilo que busca.

Mas quantas vezes você vai para a próxima pagina da pesquisa para tentar algum resultado mais profundo ou diferente do que apareceu?

Poucas vezes isso acontece. Graças a esse detalhe o Google tem um sistema que oferece a chance de quem oferece produtos e serviços de aparecerem na primeira pagina, basta pagar pelas palavras-chave.

No livro Comércio Eletrônico - Desvendando o Seu Funcionamento, tem um capitulo que mostra passo a passo como funciona este sistema e como fazer para anunciar no Google. Tem uma parte onde você precisa pagar pela palavra-chave que vai colocar para atrair publico para seu produto/ serviço o valor que vai pagar é determinado pelo Google, numa espécie de leilão que varia conforme a concorrência entre as próprias palavras.

As palavras mais caras, entre as mais buscadas, conforme um pin no painel Infographics about Social Media Marketing do Nolegz:

## 5 Anos de Pesquisas e-Números - Ecommerce

- Insurance (seguro) - U$54
- Gas/ Electricity (gás/eletricidade) - U$54
- Mortgage (hipoteca) - U$47
- Attorney (procurador) - U$47
- Loans (empréstimos) - U$44
- Claim (reclamação) - U$45
- Lawyer (advogado) - U$42
- Donate (doação) - U$42
- Conference Call (conferencia online) - U$42

Analisando essas palavras podemos concluir os ramos da economia que mais anunciam, o que por conseqüência devem ser os mais procurados via Google também com destaque para as palavras dos setores bancário e legal, alem de mostrar que não deve ser tão simples criar alguma campanha de doações e donativos na internet, pelo menos nos Estados Unidos, pelo valor que custa a palavra DONATE.

Isto é muito importante para quem quer ter presença online, saber como fazer, o quanto investir, para aparecer no Google.

Texto de jul/13

## O Brasil tem muito a crescer no e-commerce

Aposto que você deve ter ouvido falar muito sobre o potencial de crescimento do comércio eletrônico no nosso pais. Nem precisamos ir muito longe para ver esse potencial, veja as lojas que ficam perto da sua casa, quantas tem site na internet?

A revista Exame PME comparou o comércio eletrônico nos Estados Unidos com o do Brasil, vamos a alguns números:

42% dos internautas brasileiros fizeram alguma compra online, enquanto nos Estados Unidos esse índice chega a 67%

Os brasileiros gastaram 722 dólares em media no ano de 2012, enquanto os americanos 1207.

O faturamento das lojas virtuais no Brasil foi de 10,4 bilhões de dólares em 2011 para 12,5 em 2012, crescimento de 20%, enquanto nos Estados Unidos foi de 202 bilhões para 226, crescendo 12%. Esses números são bem menores que o crescimento da economia dos dois países.

## 5 Anos de Pesquisas e-Números - Ecommerce

Mesmo considerando a diferença entre o tamanho do Brasil e dos Estados Unidos, dos PIBs e dos salários mínimos em cada um, podemos analisar de forma positiva esses números percebendo o caminho que o comércio eletrônico brasileiro tem a percorrer, o quanto estamos nos primeiros passos do e-commerce, do e-marketing em nosso Brasil.

Ja vimos aqui que o Brasil deve ser um dos principais mercados virtuais nos próximos anos, alem de sermos o melhor em toda a America Latina, por isso a importância de um site como o TriClick, que consegue juntar no mesmo site produtos, serviços e profissionais liberais que querem iniciar a sua participação online, ou ampliar o seu espaço na internet.

Texto de out/13

### Quanto anúncio !!!

Quando você abre uma pagina da internet sempre tem um anúncio por perto, não é verdade?

Para saber o tamanho, a quantidade de propaganda que aparece na sua frente na internet, a comscore fez um levantamento no mês de abril de 2013 no Brasil, publicado no MKTMais.

Foram mais de 130 bilhões de anúncios display visualizados pelos 72,6 milhões de internautas brasileiros no mês analisado, média de 1800 anúncios por pessoa, ou seja, em todo o tempo que você passou na internet deve ter passado na sua frente 1800 anúncios.

Apenas os 3 principais anunciantes online, Dafiti, Netflix e Netshoes tiveram seus anúncios impressos quase 6 milhões de vezes, representando 4,5% do marketing online no Brasil.

Se você é um internauta que fica mais tempo que a média conectado a internet deve ver mais de 2 mil anúncios por mês, quantos destes consegue se lembrar?

Com essa concorrência fica cada vez mais importante a diferenciação nos anúncios para poder ressaltar a sua marca, o seu produto, o seu serviço o seu site, junto ao público alvo. Saber quem é seu público alvo também é muito importante, como por exemplo saber quem compra os produtos para

## 5 Anos de Pesquisas e-Números - Ecommerce

bebes e crianças, como já vimos por aqui, para oferecer os seus produtos e serviços ao público certo.

Texto de out/13

### 1 em cada 4 lojas virtuais é pequena

O ecommerce é um local democrático, tem lugar para todos, sem distinção de tamanho, local, estrutura e o que mais precisar.

Única exigência deste mercado, como em qualquer outro lugar, é para a seriedade e do trabalho bem feito, cumprir o que prometer é fundamental.

Ja vimos por aqui que a fatia das pequenas e médias empresas vem crescendo gradativamente, a Braspag fez um levantamento mostrando que 25% de todos os empreendimentos digitais em 2012 foram de Pequenas e Micro Empresas, esse índice é 5 vezes maior que o levantado em 2005 (5%).

Quando passamos na frente de alguma loja grande, seja na rua ou em shopping, queremos saber como seria essa loja no ecommerce, que com certeza a loja grande esta presente na internet.

Mas quando passamos por alguma loja pequena nos causa estranheza se ela tiver um site na internet, não é mesmo?

Essa estranheza tende a diminuir, todos podem estar na internet, se não tiverem seus próprios sites podem incluir seus produtos e serviços em **sites** como o **TriClick, que abre a possibilidade das** pequenas e micro empresas colocarem e anunciarem seus produtos e serviços, estando disponível 24 horas por dia, 7 dias por semana, aproveitando o que o universo digital pode oferecer.

Texto de out/13

## Como o cliente apareceu

Uma grande, e importante, questão em qualquer empreendimento é a chegada do cliente, do consumidor. Quem é, de onde veio, como chegou até a empresa são informações importantes que ajudam a conhecer melhor o consumidor e traçar a melhor estratégia para atingir o seu público.

## 5 Anos de Pesquisas e-Números - Ecommerce

Na internet isso é uma tarefa mais fácil, tem vários instrumentos que ajudam a saber de onde vieram os visitantes e clientes de cada site, de cada loja virtual.

Por exemplo, eu sei de onde você, que está lendo esse texto, veio, por informações que o Google Analytics me fornece, sei qual a página que trouxe você até esse texto. Mas eu não sei onde você estava anteriormente, pois nem sempre você chegou ao site de forma imediata, passou por outros locais antes de chegar até aqui.

O Ibope, através de sua pesquisa E-tail report, verificou onde o internauta estava minutos antes de acessar a loja virtual, fazendo esse levantamento 10, 20 e 30 minutos anteriores ao acesso ao site.

A pesquisa levantou lojas em 3 segmentos: Cultura, Multicategorias e Beleza, dividindo a origem, onde o internauta esteve, em algumas categorias de sites: agregadores de conteúdo, blogs, buscadores, concorrentes, mídias socias e portais de internet.

Tirando a importância dos buscadores, como o Google, que sempre vem forte no tráfego de público para o site, vamos ver algumas peculiaridades nesses segmentos.

Nas lojas de cultura, 30 minutos antes os internautas estavam nas redes sociais, na medida que o tempo foi passando diminuía a presença nas mídias sociais e aumentava nas páginas da concorrência, mostrando o internauta que busca produtos como livros, Cds e DVDs procurando esses produtos em vários sites antes de decidir em qual vai efetuar a sua compra.

Nas lojas consideradas como multicategorias essa pesquisa nos sites concorrentes chega inclusive a ser maior que nos buscadores, nos últimos 10 minutos antes de chegar ao site 43% estavam visitando uma loja concorrente, enquanto 16% estavam em algum buscador.

No segmento de beleza, 30 minutos antes de chegar ao site, 27% estão nas mídias sociais, 26% em portais de internet, 20% nos buscadores e 4% na concorrência. Apenas 10 minutos antes de chegar a loja virtual para comprar, 25% estão nos portais de internet, 21% nos buscadores, 20% nas mídias sociais e chega a 17% quem está em algum site concorrente.

O importante desses dados é mostrar que o e-consumidor não chega até a sua loja, ou site, de forma imediata, até ele chegar ele pesquisa, analisa a opinião

## 5 Anos de Pesquisas e-Números - Ecommerce

em blogs, mídias sociais e consulta a concorrência, ai sim ele começa a se decidir sobre a compra. Por isso é importante a loja estar presente em varias mídias, nas redes sociais e onde mais conseguir mostrar os serviços e produtos ao seu publico.

Texto de nov/13

## Comprando no e-commerce no exterior

Você já comprou algum produto em loja virtual de outro pais?

Se nunca fez isso, pelo menos deve ter pesquisado algum produto para comparar com o similar no Brasil.

Mas se já fez alguma compra internacional você faz parte dos brasileiros que gastaram 2,6 bilhões de dólares no exterior este ano de 2013, sendo que metade desse valor foi para lojas baseadas nos Estados Unidos.

Não é fácil fazer compras em outro pais, mesmo estando no computador e o site tendo opções de falar a sua língua e tirar as suas dúvidas, sempre existem alguns receios.

Uma pesquisa publicada no site E-commerce News mostra as principais preocupações de quem faz uma compra virtual fora do seu pais.

Os brasileiros tem medo de que roubem os seus dados quando vão efetuar o pagamento via cartão de crédito. O medo mundial nesse item chega a 69%, enquanto entre os brasileiros esse índice fica um pouco abaixo, em 66%.

A proteção ao comprador, a segurança que o cliente tem em fazer a compra, em estar seguro que não vão roubar seus dados de cartão de crédito e que o produto comprado realmente vai chegar nos prazos e condições prometidas é fundamental nas compras transnacionais. Esse item chega a 88% no mundo e sobe a 94% entre os brasileiros.

Essa mesma pesquisa avalia que a compra dos brasileiros em lojas virtuais no exterior, que foi de 2,6 bilhões de dólares em 2013, deve crescer nos próximos anos, aumentando a concorrência virtual, acabando com as fronteiras entre países, exigindo melhores serviços e produtos de todos que estão e querem entrar no mercado.

Texto de nov/13

## 5 Anos de Pesquisas e-Números - Ecommerce

### Os estrangeiros comprando no nosso e-commerce

No inicio do mês analisamos no blog a compra dos brasileiros em sites internacionais, através de uma pesquisa publicada no E-commerce News.

Agora vamos falar do outro lado, dos estrangeiros que fazem compras em lojas virtuais brasileiras, que deixaram 1,3 bilhões de dólares aqui em 2013, quase metade do que nós gastamos em compras no exterior.

Os Estados Unidos lideram as compras nos nossos sites, com compras no valor de 850 milhões de dólares, seguidos dos britânicos, com 115 milhões e alemães, com 88 milhões de dólares.

Bom ressaltar que o e-commerce brasileiro deve movimentar algo em torno de 28 bilhões de reais em 2013, dessa forma as compras dos estrangeiros nas nossas lojas virtuais representa 1% de nossas vendas online.

No mundo todo foram 94 milhões de pessoas fazendo compras em lojas virtuais fora do seu pais de origem, gerando 105 bilhões de dólares no comércio virtual transnacional, com a compra média de U$1117 por pessoa fora de seu pais.

Os lugares onde as pessoas mais compram produtos fora dos seus países são os Estados Unidos (45%), a China (26%) e Hong Kong (25%). Os brasileiros seguem a mesma tendência, apenas crescendo a importância desses países nas compras brasileiras no exterior, sendo que 79% compram em e-commerces americanos, 48% nos chineses e empatados na terceira posição com 17% aparecem lojas em Hong Kong e na Inglaterra.

Produtos de moda (U$12,5 bi) estão entre os preferidos dos compradores transnacionais, seguidos de remédios e cosméticos (U$7,6 bi), jóias e relógios (U$5,8 bi), eletrônicos pessoais (U$6 bi), computadores e hardware (U$6 bi) e eletroeletrônicos (U$5,4 bi).

O preço mais em conta responde por 80% dos motivos de compras em outros países, sendo que a variedade dos produtos atinge 79% das intenções de compras internacionais.

Os medos de comprar em outro pais são os mesmos que já analisamos no texto sobre as compras dos brasileiros no exterior.

# 5 Anos de Pesquisas e-Números - Ecommerce

A previsão é de aumentar esse volume de negócios, no Brasil, até 2018 o volume de compras feitas por estrangeiros deve atingir 4 bilhões de dólares, quase 3 vezes o valor deste ano de 2013, um sinal que os estrangeiros também encontram nas nossas lojas virtuais bons produtos com preços competitivos.

O TriClick, mesmo sendo um shopping virtual em português, recebe sempre visitantes de outros países, mostrando que a oportunidade de vender ao exterior existe, está em todos os lugares, dos pequenos aos grandes.

Texto de nov/13

## Onde vai o dinheiro das lojas virtuais

Uma das frases que mais ouvimos sobre loja virtual é sobre a facilidade de abrir uma loja na internet, você abre sem dinheiro, as pessoas entram na internet e começam a comprar um monte de produtos deixando você rico rapidinho. Uma moleza.

Não existe ganho fácil, se quiser ganhar tem que batalhar, tem que trabalhar para que isso aconteça, na internet a mesma coisa, não basta abrir um site e esperar o publico visitar e começar a comprar. Se abrir uma loja na rua, sempre vai ter gente passando em frente que você pode convencer a entrar e pelo menos ver o que está vendendo. Como fazer isso na internet, como vai fazer a pessoa acessar a loja, e comprar?

Em pesquisa publicada no EcommerceNews com 201 lojas virtuais mostra o custo e investimento das lojas virtuais no Brasil, onde podemos destacar:

- Frete: mais de 20% das lojas gastam aproximadamante 10% de seu faturamento com a entrega das mercadorias, enquanto 24% das lojas dispendem entre 5 e 10% com esse custo. Lembrando que pelo correio brasileiro o menor valor para envio de mercadorias fica em torno de R$10, o que torna caro se a mercadoria for de valor inferior a R$50, pois o custo deste produto sobe a pelo menos R$60.
- Atendimento ao cliente: 46% das lojas gastam 2% de sua verba nesse quesito, que, diferente da loja física que tem o atendimento do vendedor, na loja virtual o atendimento fica ainda mais importante, pelo bom e

## 5 Anos de Pesquisas e-Números - Ecommerce

correto uso das palavras e agilidade em responder o consumidor.

- Análise de risco e fraudes: apesar de não existir o risco do "cheque sem fundos" o lojista virtual sofre com fraudes, como cartões de crédito clonados e roubados. Esse item representa pelo menos 2% da verba para 55% das lojas pesquisadas.

- Marketing: a principal maneira de trazer público para a loja, tem que avisar a internet que sua loja existe e está disponível na rede. 22% das lojas investem pelo menos 10% de seu faturamento em marketing, enquanto 29% investem entre 5 e 10%.

Vamos somar esses itens, 10% em frete, 2% em atendimento ao cliente, 2% em análise de risco e fraudes, 10% em marketing, chegamos a 24%, ou seja, 1/4 do faturamento de pelo menos 20% das lojas virtuais brasileiras é reinvestido na própria operação da loja.

Abrir uma loja virtual não é tão simples, dificilmente vai trazer dinheiro fácil, tem que trabalhar como em todo empreendimento para poder ver os resultados.

Texto de fev/14

## O investimento em marketing digital

A loja virtual tem uma vantagem sobre as lojas físicas, é possível mensurar toda a relação entre o consumidor e a loja, facilitando o trabalho do analista de marketing.

Para saber quais canais de marketing digital os e-empresários investem que trazem os melhores resultados foi feita uma pesquisa pela FBITS, vamos a alguns números:

- Google: através dos links patrocinados 22% das empresas afirmaram que pelo menos metade de seu faturamento vem através dessa ferramenta
- SEO (Search Engine Optimization): 40% das empresas tem entre 20 e 50% de seu faturamento vindo desse canal, que traz visitas "grátis" ao site.
- Email Marketing: 61% das empresas obtém ate 20% de seu faturamento através dos emails que são enviados ao público alvo.
- Comparadores de Preços: 47% das empresas tem nesse canal quase 20% do seu faturamento, sendo importante ressaltar que 39% das consultadas não costumam utilizar essa ferramenta.

## 5 Anos de Pesquisas e-Números - Ecommerce

- Redes Sociais: 69% das empresas obtém menos de 20% de seu faturamento através das redes sociais. Isto não significa que não estão presentes nas redes sociais, mostra apenas a relação entre as redes sociais e o faturamento das empresas.

- Programa de Afiliados, Blogs e Parceiros: 56% das empresas obtém menos de 20% de seu faturamento vindo desse canal, sendo que 32% não costumam usar esse canal.

Duas analises distintas que podemos fazer sobre essa pesquisa, vamos usar o exemplo do Google.

A primeira mostra que o Google é um dos principais meios de comunicação para uma loja virtual, sendo fundamental para quem quer ter sucesso no ecommerce.

A segunda segue a mesma linha, o Google como o principal canal de vendas para a loja virtual, mas onde a concorrência também é a mais acirrada, portanto, vale a pena investir mais nos outros canais, com menos concorrência e com mais chances de sua empresa aparecer e ocupar um espaço de destaque.

Onde investir em marketing digital para obter o melhor resultado é a grande questão, mas com um alento, todo o investimento pode ser medido, e corrigido, se não trouxer o resultado esperado.

Texto de mar/14

## O que fazer para o email marketing ser aberto e lido

O que faz você abrir um email para ver o seu conteúdo?

Se for pessoa conhecida quem enviou o email você provavelmente vai abrir antes dos outros.

Mas email de empresa, ou de alguém pretendendo oferecer algum produto ou serviço, o assunto do email tem importância fundamental na decisão de abrir, ou deletar, o email, não é verdade?

Em estudo divulgado pela MailerMailer publicado no E-commerce News, analisando mais de 1,4 bilhão de emails, mostra que o tamanho do texto colocado no assunto da mensagem tem influencia direta na decisão de abrir ou deletar o email.

## 5 Anos de Pesquisas e-Números - Ecommerce

Quando o assunto tem entre 4 e 15 caracteres a taxa média de abertura dos emails vai a 15%, enquanto acima desse tamanho o índice baixa a uma média de 10%, sendo que assuntos com textos entre 16 e 27 caracteres tem média de abertura de 9%, a partir de 28 caracteres a taxa sobe e fica estável perto dos 10%.

Primeiro passo é fazer com que o email seja aberto, depois fazer com que a pessoa leia, se interesse e clique no conteúdo do email para fazer a ação planejada.

Essa pesquisa também avaliou a taxa de cliques nas mensagens, novamente os emails com assuntos com menos de 15 caracteres teve a maior taxa de cliques, 2,6%, superior as que tem mais de 51 caracteres, que foi de 1,6%.

Depois que o email foi aberto, com o conteúdo personalizado, a taxa de cliques foi de 13,2%, pouco superior a de quando a linha de assunto foi personalizada, com 12,9% de cliques, enquanto as mensagens sem qualquer tipo de personalização ficaram com 9,8% de média.

Vamos fazer uma conta simples, considerando envio de email marketing para 1000 pessoas. Com o assunto contendo 20 caracteres (por exemplo: Aproveite a promoção), 90 emails serão abertos, se o email não for personalizado apenas 9 terão cliques. Ou seja, a cada 1000 emails enviados apenas 9 podem direcionar o público ao conteúdo desejado, conforme os resultados dessa pesquisa.

O email marketing continua sendo uma ferramenta importante para a estratégia de marketing das empresas, como já vimos por aqui, mas é necessário todo cuidado e atenção desde a hora de criar o assunto até o momento de elaborar o email em si.

Claro que não tem formula pronta, alguma magia que vai fazer com que os seus emails sejam abertos, apenas tentando e testando até atingir a melhor forma de fazer com que seu publico interaja atraído pelos emails.

Texto de mar/14

# 5 Anos de Pesquisas e-Números - Ecommerce

# Conclusão

Nesses 5 anos do Pesquisas e Números tratamos de diversos assuntos, analisamos muitos números, estatísticas e pesquisas das mais diversas fontes e origens, cruzando informações de uma fonte com outra, para comparar e complementar informações e trazer ao leitor uma forma de "ler" os números que possa simplificar e facilitar a sua compreensão.

Apesar da dinâmica que temos no nosso dia a dia, com a evolução e multiplicidade de informações que circula na internet a cada instante, a maioria dos textos que colocamos no blog, e reproduzimos nesse livro, continuam atuais, não perderam a sua validade, podem ser utilizados como fonte de informação e conhecimento, não se perdendo com o tempo.

Isso mostra que a informação se acumula, o conhecimento aumenta e deve ser arquivado, seja na nossa memória, na nossa mente, seja em arquivos .doc, ou .pdf em nossos hardwares, que alguma hora vai ser importante pesquisarmos esses arquivos para utilizarmos no futuro.

## 5 Anos de Pesquisas e-Números - Ecommerce

Vamos continuar nessa mesma linha no Pesquisas e-números, rumo aos próximos textos, às próximas análises de pesquisas, e-números e estatísticas que surgirem por aí.

Até lá!!!

# O Autor

Romeu Friedlaender Junior é formado em economia pela Universidade Federal do Paraná, com cursos de Management Information in Marketing and Sales certificado pelo Chartered Institute of Marketing, em Londres, Grã Bretanha.

Morou em Londres nos anos de 1997, 1998 e 2002.

Dirigiu por anos a área de planejamento do Instituto Paraná de Pesquisas de Opinião e Análise de Consumidor, empresa privada especializada em pesquisas de opinião e análise de mercado.

Escreve desde 2009 no blog Pesquisas e Números, analisando pesquisas e números que a mídia divulga constantemente.

Foi professor universitário ministrando aulas das disciplinas de Economia, História do Pensamento Econômico e Análise de Pesquisa e Mercado.

Participou ativamente como membro da equipe brasileira da pesquisa GEM – Global Entrepreneurship Monitor,

## 5 Anos de Pesquisas e-Números - Ecommerce

maior estudo constante sobre o empreendedorismo no mundo.

No comércio eletrônico tem experiência com a Melito, loja virtual com mais de 4.000 produtos à venda e fundou o site TriClick, que reúne diversos produtos e serviços ao gosto do neoconsumidor.

É autor de outros livros e publicações, mostrado no próximo capítulo.

# Outras obras do autor

- Relato duma Viagem – Índia, Cingapura, Austrália e China, pelo Clube de Autores em 2009

- O homem, sujeito do trabalho e suas relações no sistema econômico, pelo Clube de Autores em 2011

- Empreendedorismo no Brasil 2009, em parceria com outros autores, pelo IBQP (Instituto Brasileiro da Qualidade e Produtividade)

- Empreendedorismo no Brasil 2010, em parceria com outros autores, pelo IBQP (Instituto Brasileiro da Qualidade e Produtividade)

- Empreendedorismo no Brasil 2011, em parceria com outros autores, pelo IBQP (Instituto Brasileiro da Qualidade e Produtividade)

- Emprender desde la pequeña y mediana empresa: Nueve casos de éxito de emprendedores latinoamericanos, em parceria com outros autores escreveu sobre o caso brasileiro, pela FUNDES(Chile), em 2011

- GEM 2010 Education and employability of women in Brazil – reality and perspectives, em parceria com outros autores, em Cadiz na Espanha, 2010

- 2010 Report: Women Entrepreneurs Monitor, Babson College (EUA) em parceria com outros autores escreveu sobre o caso brasileiro, em 2011

## 5 Anos de Pesquisas e-Números - Ecommerce

- Comércio Eletrônico, Desvendando o seu Funcionamento, pelo Clube de Autores em 2013

- Copa do Mundo Tô fora do Brasil para assistir, pelo Clube de Autores em 2013

## Sites que aparecem neste livro:

www.abic.com.br
www.abimaq.org.br
www.abrasel.com.br
www.accenture.com
www.acsp.com.br
www.amanha.com.br
www.amazon.com
www.americanmoustacheinstitute.org
www.aneel.gov.br
www.anefac.com.br
www.bemparana.com.br
www.bitly.com
www.blog.hubspot.com
www.burson.com.br
www.caminhandojunto.blogspot.com
www.clorin.com.br
www.clubedeautores.com.br
www.cni.org.br
www.crasp.gov.br
www.cultura.gov.br
www.cursodeecommerce.com.br
www.datapopular.com.br
www.debenhams.com
www.denatran.gov.br
www.dieese.org.br
www.duke.edu
www.e.life.com.br
www.e-commercefacts.com
www.ecommercenews.com.br
www.economist.com

## 5 Anos de Pesquisas e-Números - Ecommerce

www.eletros.org.br
www.elogia.net/pt
www.epocanegocios.com.br
www.estadao.com.br
www.exame.com.br
www.exame.com.br/revista-exame-pme
www.facebook.com
www.fantastico.globo.com
www.fazenda.gov.br
www.fbits.com.br
www.felicidadeinternabruta.blogspot.com
www.fiesp.org.br
www.forbes.com
www.forgas.socialpsychology.org
www.g1.globo.com
www.gazetadopovo.com.br
www.gemconsortium.org
www.gpadrao.com.br
www.gsmd.com.br
www.ibge.gov.br
www.ibope.com.br
www.ibqp.org.br
www.ldgnow.uol.com.br
www.idv.org.br
www.inovacaomarketing.com
www.institutoanalise.com
www.institutoanalise.com
www.journals.uchicago.edu
www.kimod.com
www.latinpanel.com.br
www.leeds.ac.uk
www.mailermailer.com
www.maximbrasil.uol.com.br
www.mdemulher.abril.com.br

www.melito.com.br
www.mktmais.com
www.neoconsumidor.com.br
www.nosdacomunicacao.com.br
www.observatoriodegenero.gov.br
www.operdigueiro.blogspot.com
www.papodeempreendedor.com.br
www.parana-online.com.br
www.paranapesquisas.com.br
www.People-press.org
www.pesquisasenumeros.com
www.pinterest.com
www.plantaoonline.com
www.pnud.org.br
www.portalexameabril.com.br
www.quatromarcos.ind.br
www.rb.com/br
www.reclameaqui.com.br
www.revistaalfa.com.br
www.revistaepoca.globo.com
www.revistapegn.globo.com
www.secom.gov.br
www.shopperexperience.com.br
www.sindilav.com.br
www.socialtag.com.br
www.sospesquisaerorschach.com.br
www.tau.ac.il
www.techtudo.com.br
www.telegraph.co.uk
www.terra.com.br
www.testedascervejas.com.br
www.triclick.com.br
www.turismo.gov.br
www.Twitter.com

## 5 Anos de Pesquisas e-Números - Ecommerce

www.unwomen.org
www.uol.com.br
www.veja.abril.com.br
www.youtube.com
www.zaytecbrasil.com.br
www.zerohora.clicrbs.com.br


Como o próprio blog mudou de nome, de www.romeufriedlaenderjr.blogspot.com para www.pesquisasenumeros.com, muitos dos sites acima podem ter alterado seus domínios nesses 5 anos, por isso peço desculpas se algum link não existir mais, estar desatualizado.

www.ingramcontent.com/pod-product-compliance
Lightning Source LLC
Chambersburg PA
CBHW051711170526
45167CB00002B/625